新媒体时代
文案创作与营销

李悦彤　著

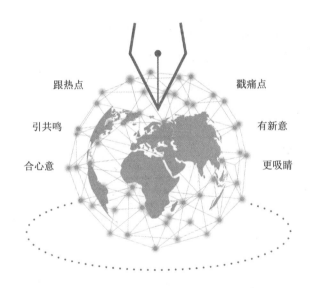

跟热点　　　　　　戳痛点

引共鸣　　　　　　有新意

合心意　　　　　　更吸睛

吉林出版集团股份有限公司
全国百佳图书出版单位

图书在版编目（CIP）数据

新媒体时代文案创作与营销 / 李悦彤著 . --长春：
吉林出版集团股份有限公司，2020.10

ISBN 978-7-5581-9303-3

Ⅰ．①新… Ⅱ．①李… Ⅲ．①传播媒介－文书－写作
Ⅳ．①G206.2

中国版本图书馆 CIP 数据核字（2020）第 211116 号

新媒体时代文案创作与营销
XINMEITI SHIDAI WENAN CHUANGZUO YU YINGXIAO

著　　者	李悦彤
责任编辑	冯　雪
封面设计	刘红刚
出　　版	吉林出版集团股份有限公司
发　　行	吉林出版集团社科图书有限公司
电　　话	0431－81629712
印　　刷	北京亚吉飞数码科技有限公司
开　　本	710mm×1000mm　1/16
字　　数	215 千
印　　张	16.25
版　　次	2021 年 5 月第 1 版
印　　次	2021 年 5 月第 1 次印刷
书　　号	ISBN 978-7-5581-9303-3
定　　价	56.00 元

前　言

　　好的文案，可促进文字变现，新媒体时代，媒体竞争力很大程度上取决于文字竞争力，在各类媒体争夺流量的大战中，文案创作与营销的地位越来越重要。

　　为什么别人的文案能创造出 10W＋、100W＋ 的辉煌，而你的文案却无人浏览、无人关注？

　　为什么别人的文案总是能紧跟热点、制造热点，而你的文案却总平淡无奇、论点过时？

　　为什么别人的文案读起来或妙趣横生，或触动人心，或洞察深刻，而你的文案读起来连自己都觉得十分无趣？

　　……

　　你和他们的差距在哪里？

　　优秀的文案创作与营销力并非天生，爆款文案的创作与营销是有规律可循的。

　　从基础到实战，从入门到精通，从零阅读量到爆款文案，就差一本书的距离，本书将是菜鸟小编晋级成为文字营销达人的奠基石！

　　本书系统全面解析新媒体文案知识，体系完整，以"新媒体，新文案"为写作主线和开篇，将文案的前世今生与新媒体文案的特点娓娓道来，初探一个小编应该具备哪些基本能力与素质，为你揭开新媒体文案的神秘面纱。在此基础上，就新媒体文案创作的灵感汲取、前期准备等进行了详细阐述。从行文到标题，再到捕捉热点，一一揭秘文案创作的秘密武器；从编辑排版到巧妙配图，再到行文构思，教你如何能妙笔生花、文章出彩；从微信到电商，再到社群、微博及其他新媒体的文案创作，让你在多元化的新媒体文案创作实操中，能更有针对性、有的放矢。文案创作完成，文案工作就结束了？并没有。因此，本书还专门就新媒体文案的推广营销进行了分析，探讨如何与粉丝互动、如何多渠道引流、如何跻身搜索热点，让我们的文案有更加广泛的互动性、影响力。

本书逻辑清晰、结构完整；语言风格轻快、深入浅出，对新媒体文案进行全方位立体阐述分析；特别设置"各抒己见""指点迷津""媒文共赏""随机提问"四个版块，帮助新媒体文案爱好者更加系统、全面地认识文案，帮助文案写作者、新媒体工作者有效提高文案写作技巧，提高职业能力素养，提高新媒体文字营销力！

本书撰写过程中参考了有识之士的真知灼见，在此表示衷心感谢，同时，欢迎读者阅读并和我们一起探讨。阅读本书，一定会让你有所收获。

作　者

2020 年 6 月

目 录

第 **1** 章
新媒体，新文案

新媒体时代，人人都可以为自己发声，成为一个独立对外的宣传窗口，这是互联网的魅力，更是新媒体的魅力！

新媒体让我们每一个人都有机会参与到互联网信息发布中，成为信息和咨询的传播者，并通过文字来吸引更多关注。越来越多的人进入新媒体阵地，越来越多的传统媒体人转移到新媒体阵地，"同样的阵地，不同的文案较量"，接下来我们一起走进新媒体，认识新文案，感受文字的力量！

1.1 文案的"前世今生"

1.1.1 你能想到吗？文案原型竟是书桌

在我国古代，文案是一种长条的、专门用来放书、读书写字的桌子，后来，慢慢地用"文案"指代"在桌子上写字的人"。

这时的"文案"，也称"文按"，指官衙中负责文字工作的人，因为是"文化人"，所以地位要比一般的属吏地位稍高一些。

1.1.2 古时文案的地位是公务文书

《北堂书钞》卷六八引《汉杂事》："先是公府掾多不视事，但以文案为务。"

《晋书·桓温传》："机务不可停废，常行文按宜为限日。"

《资治通鉴》中也有关于文案的记载："诸曹皆得良吏以掌文按。"

你发现了吗？古代的文案和负责文案的人都与官衙有关，文案承载的文字内容，就是官署中的公文和书信，这时候的文案，我们可以理解为公务员之间来往的文件。

1.1.3　今世文案的华丽转身

文案从"桌子"发展到现在，经历了漫长的时间，现在人们经常说的"文案"是"广告文案"的简称，由"Copywriter"翻译而来。

当前，"文案"可谓是商业领域的新宠，要想让更多的人了解到商业活动的相关信息，一定少不了好的文案。

那么，究竟什么是"文案"呢？

我们现在给"文案"一个官方的定义解析。

"文案"有广义和狭义之分，广义的文案指广告作品；狭义的文案指广告作品中的语言文字（图1-1）。

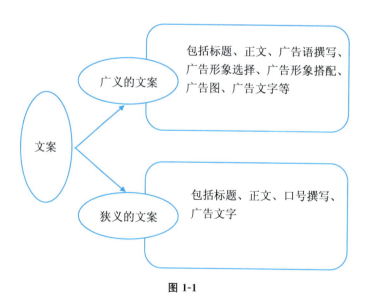

图 1-1

指点迷津

文案≠策划

很多人认为，文案写的就是宣传文字，策划也是发布宣传文字，它们不就是一回事嘛？其实，二者并不相同。

商家和自媒体做宣传，怎么才能让目标人群看到呢？需要传播文案，这种文字的撰写就是在写文案，很多大企业都有专门写文案的人员。

那么，什么是策划呢？在一些大型推广活动中，会进行活动的流程安排与活动宣传推广，这些工作就是策划，策划工作也会涉及广告文案的撰写。

工作中，文案人员和策划人员相互密切配合，但二者的工作并不完全相同。

1.2 新媒体文案的特点

1.2.1 要认识新媒体文案，先认识新媒体

◆ 什么是媒体

认识媒体，是认识新媒体的基础。媒体，又称"媒介"，是一个外语音译词，源自拉丁语"Medius"。

媒介思想家马歇尔·麦克卢汉曾说"媒介即信息"，这是不是就意味着"媒体就是信息"呢？

我们经常听到的"媒体报道""媒体发布"，都涉及"媒体"这个词。到底什么是"媒体"呢？这里所说的"媒体"是指"新媒体"吗？

媒体有广义和狭义之分，二者所指范围不同，广义的媒体是指传递和获取信息的工具、渠道、载体、中介物或者技术手段，它的范围是非常广泛的；狭义的媒体指传统媒体（图 1-2）。

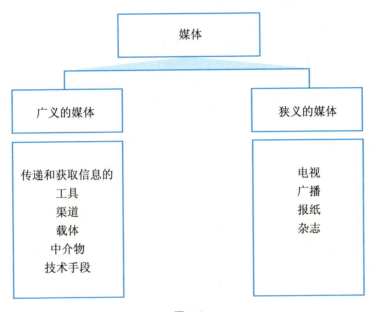

图 1-2

◆ **什么是新媒体**

　　相较于传统媒体而言，新媒体是随着网络技术的发展而搭建和成立的传播新的信息的工具、媒介、技术。

　　使用移动网络，信息传播更便捷、迅速，是新媒体的重要特点。

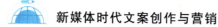

指点迷津

新媒体的概念是动态的

新媒体之所以新，是因为它是在变化的信息环境中产生的，随着科技的发展，信息环境会不断变化，新媒体的概念也在不断变化的过程中逐渐发展和完善。

网站、论坛、电子邮箱刚刚兴起时，也曾被称为"新媒体"。

现阶段，随着移动互联网技术的发展，PC 端内容被归类到传统媒体中，新媒体更多的指移动应用（图 1-3，排名不分先后）。

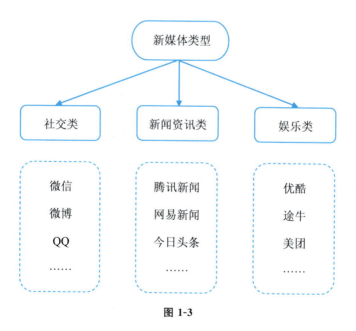

图 1-3

现在你有没有发现，"新媒体"到底"新"在哪里呢？在大众的认知范围内，各种依托移动互联网的移动应用就可以被称为新媒体。

　　那么，新媒体与其他媒体又有什么不同呢？

　　"新媒体""自媒体""流媒体"……这些词经常出现在我们的耳边，你知道它们都是什么意思吗？

　　在媒体家族中，"新媒体""自媒体""流媒体"都以"媒体"自居，但是它们有着很大的不同（图 1-4）。

新媒体

移动互联网技术支持下的新兴媒体，以各种移动手机应用为代表

自媒体

WeMedia，普通大众通过互联网发布他们自己的动态或最先发现的事实、信息

流媒体

利用互联网上的一系列媒体数据，即时传输视频、音频的技术与过程

图 1-4

新媒体的出现，让信息传播的主动权被放到每一位大众的手中，每一位网民都有公平的话语权，这也使得新媒体信息之间的竞争激烈异常，同样的事件，谁发出的信息最有吸引力，最能抓住大众的眼球，谁就能在新媒体的阵地上抢占更多的先机与流量。

怎样才能发出最具吸引力的信息？好的新媒体文案，是吸引力之源。

1.2.2 新媒体文案

◆ 什么是新媒体文案

我们已经知道，"文案"是"广告文案"的简称，是广告行业的一种专用词，文案的撰写和发布是为了达到商业目的。

世界著名广告文案大师大卫·奥格威曾说，"广告是文字性的行业"，在广告公司，写作能力越好的员工，晋升越快。

著名广告学者 H·史载平斯认为："文案是广告的核心。"

从事新媒体文案的工作人员，需要对要传播的信息进行设计，以便于更容易被消费者看到、理解、记住，然后再进行新一轮的传播（图 1-5）。

新媒体的出现，让商家间的竞争更加激烈，甚至每一个小小的工作室、个体户都能搭载移动互联网这趟快车，加入到新媒体竞争中。

到此，我们已经逐渐拨开了"新媒体文案"神秘的面纱，我们可以将新媒体文案理解为一种基于新的移动互联网媒体而重点输出的广告内容或广告创意。

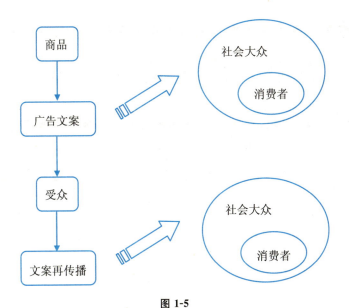

图 1-5

 **各抒己见**

在学生时代，你一定有过写作文的经历，"体裁不限""不少于 800 字"曾经是很多人的"噩梦"。

很多人认为，文案不就是写作文吗？每天写作文岂不是很痛苦？

你觉得写文案和写作文一样吗？为什么？

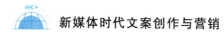

◆ 新媒体文案与传统媒体文案有什么不同

同样都是媒体文案，新媒体文案与传统媒体文案相比，又有什么不一样呢？

新媒体文案的撰写要始终以消费者为中心，围绕消费者的需求，从"消费者的角度"出发去组织语言，以吸引消费者，促进商品交易。

与传统媒体文案相比，新媒体文案具有成本低、传播速度快、目标人群更精准、可再次传播创作等特点（图1-6、图1-7）。

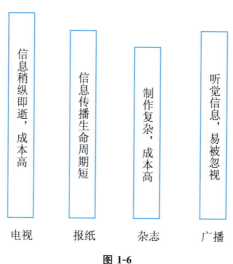

信息稍纵即逝，成本高	信息传播生命周期短	制作复杂，成本高	听觉信息，易被忽视
电视	报纸	杂志	广播

图 1-6

发布成本低，广告费用低

便于推广，互动性强

新媒体文案
优势

目标人群精准

传播渠道与形式多样化

文案容易被模仿，实现再传播

图 1-7

媒文共赏

《如何假装成一个好妈妈？》

"樱桃画报"是一个非常有趣的微信公众号，有趣的漫画配上有趣的文字，很难不吸引人。但你可能不知道，在创立后很长一段时间，"樱桃画报"的粉丝数量并不多。

2017 年，"樱桃画报"推出一篇文章《如何假装成一个好妈妈？》，一时间刷爆朋友圈。在这篇文章的标题中，看似会引起争议的问题非常"扎眼"，也因此带来了高点击量。

当然，《如何假装成一个好妈妈？》不仅题目吸引人，文章内容和配图也十分新颖，并且击中了很多宝妈的心，在高点击量的基础上获得了高阅读量、高转发率。

如果你感兴趣，可以搜索这篇曾赚取1 400W＋阅读量的成功文案一睹其真面目，对你撰写文案一定会有所启发。

1.3　不同媒体平台的特点与文案发布

1.3.1　新媒体融入大众生活

 各抒己见

你最常用的移动网络平台有哪些？见过哪些经典文案？文案吸引你的"点"是什么？

购物平台和社交平台都有什么不同的特点？它们的文案风格有什么相同点或不同点？

新媒体的出现，为人们的生活、学习、工作提供了很多便利，你的衣食住行中涉及的所有商品和需求都能在新媒体平台上得到满足，不同类型的新媒体扮演着生活管家、学习导师、工作助手等不同的角色。

新媒体平台让人们的生活更加便捷，更重要的是，它们能在让用户不厌烦的情况下，通过用户更容易接受的方式来向用户推荐产品。若用户觉

得有趣，还会自愿对带有广告的软文进行二次转发，这更是各类新媒体人所喜闻乐见的。

通过了解一个新媒体用户的一天（图1-8），我们可以知道新媒体用户通常会接触到哪些新媒体（或新媒体平台），并能初步了解不同平台的文案发布特点。

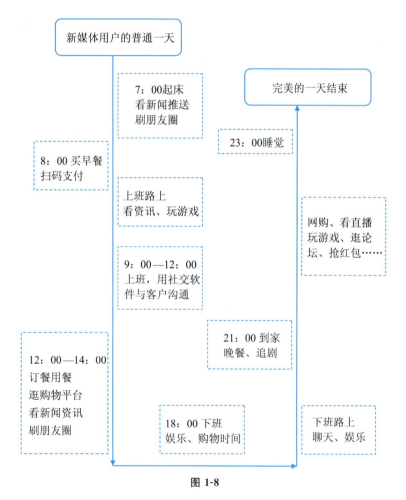

新媒体用户的普通一天

完美的一天结束

7：00起床
看新闻推送
刷朋友圈

23：00睡觉

8：00买早餐
扫码支付

上班路上
看资讯、玩游戏

网购、看直播
玩游戏、逛论
坛、抢红包……

9：00—12：00
上班，用社交软
件与客户沟通

12：00—14：00
订餐用餐
逛购物平台
看新闻资讯
刷朋友圈

21：00到家
晚餐、追剧

18：00下班
娱乐、购物时间

下班路上
聊天、娱乐

图1-8

在现代人的一天中，无论工作、学习，还是居家、生活，都会使用到新媒体平台，比如生活购物、工作沟通、网课学习，新媒体深入人们生活，新媒体文案也要深入人们生活（图 1-9）。

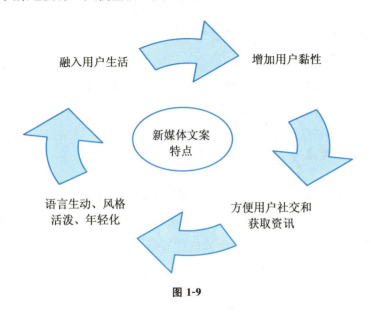

图 1-9

1.3.2　不同媒体特点与文案发布

 **各抒己见**

你有没有想过，新媒体中，有哪些平台和 APP 中更容易出现文案？哪些文案的传播力更强？为什么？

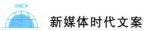

新媒体文案的发布并不仅仅是让消费者看见，更重要的是让文案在消费者之间能不断扩散，形成"一传十、十传百、百传千千万"的广告效果。

文案在哪些地方最容易被传播？

没错，就是社交媒体。

当前，社交媒体已经成为各商家投入文案、争夺流量的重要阵地。下面以微信、微博为例，就不同社交媒体的文案发布方式分享如下。

◆ 微信特点与微信文案发布

微信是一个后来居上的重要社交媒体，是围绕用户自己建立起来的一个社交圈子，每一个人与每一个人之间都能找到一定的人际联系，是一种"熟人"社交。正因如此，微信内的信息消化率非常高，这为媒体文案的传播奠定了良好基础。

微信文案的发布具有以下特点：

首先，微信具有多种不同的文案发布方式。

企业可结合自己的需求选择注册申请微信公众号、微信订阅号，或微信小程序（图1-10）。

微信订阅号每天可推送一次消息，每次的推送都能精准地推送给每一个关注了微信订阅号的用户。

微信服务号每个月可推送四条消息，消息会直接出现在用户的信息列表中，消息醒目、更容易被查看。

微信小程序为商家做推广提供了便利，是非常灵活的一种信息和活动推广方式。

其次，微信文案的内容丰富、多元。

服务号

为企业与组织提供强大的业务服务与管理功能

订阅号

为个人与媒体构建与读者的良好沟通

小程序

提供更便捷地获取与传播信息的方式与体验

图 1-10

以微信订阅号为例，在订阅号的后台管理中，你可以结合自己的需要来发布广告文案（图 1-11），可以单图文，也可以多图文。单图文信息聚集、点击率高，方便用户获取信息；多图文可进行不同信息分类，方便用户选择。

文章

可以发表一篇文章

视频

可以发表一段视频

图片

可以发表多个图片

文字

可以发表一段文字（300字以内）

图 1-11

在文案内容方面，视频、图片、文字都能发布，这就使得广告文案内容丰富、图文并茂、非常"好看"。

在一篇微信文案中，不同内容的呈现有不同程度的优先级排序，标题、主图、摘要都会优先呈现给客户，这一部分是文案的重点内容，只有这一部分的内容写得好，读者才有兴趣去点击、阅读文案。

微信文案发布中，我们要对文案内容的呈现方式做到心中有数，如果文案撰写与发布决策正确，就会提高用户的分享率（图 1-12）。

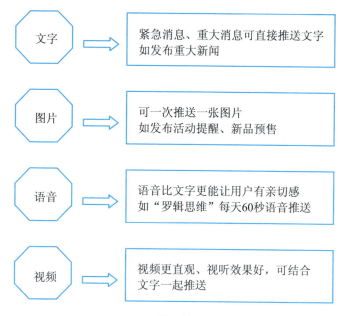

图 1-12

◆ 微博特点与微博文案发布

微博覆盖范围广，拥有比微信更广的用户群。与传统媒体相比，微博也同样具有传播范围广、传播消息快的特点。

微博热搜，常常与大众的热点关注保持高度一致性。回想一下，你最近听到的、关注度比较高的新闻事件，消息的最初来源、大范围发酵与播发是不是大都"归功于"微博呢？

微博的影响力、消息传播力量到底有多大？从明星、"大 V"的微博转发量、评论数等就可以略知一二（图 1-13）。

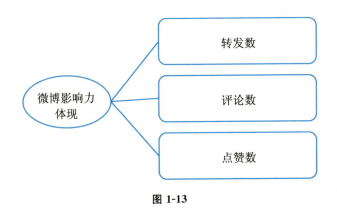

图 1-13

在 2014 年，某明星的一条生日相关微博转发突破 2 亿，这条微博成为新浪微博历史上首条转发破 2 亿的微博！

从微博数据来看，这条微博，有转发数据记录的人超 2 亿，浏览过的用户数量，或者在微博平台、其他新媒体平台看到过相关信息的人的数量就更多了！

由此可见，微博的广泛影响力不容小觑。

在微博广泛的人群覆盖的基础上，微博内容简短（140 字以内的文字内容），方便用户利用碎片化时间阅读。

此外，微博并不仅局限于文字编辑，还可以插入表情、图片、视频，还可以带话题"＃热门话题"，以提高自己的微博阅读量和转发量。

指点迷津

微博动态标签的文案功能

在微博平台上，粉丝数量多的明星和"大V"的影响力不容小觑。

微博上发布动态会显示标签，标注出你所使用的手机型号，很多手机厂家利用这一点与各大明星和"大V"合作，通过较高的动态关注度来实现微博动态发布过程中对手机的文案推广功能。

◆ QQ 特点与 QQ 文案发布

QQ 是拥有庞大用户数量的社交媒体，是新媒体的代表之一。

QQ 伴随了很多人的成长，它的用户数量是庞大的，至今已经拥有数千万个同学群、数百万个母婴群、数百万个行业交流群、覆盖几十万个企业，QQ 用户数量还在持续不断的增长中。

QQ 的年轻用户较多，他们热衷于装扮空间，去好友的空间浏览了解好友最新情况，QQ 空间是年轻人的"社交地盘"。

通过 QQ 平台发布文案有多种形式，QQ 群、QQ 兴趣部落、QQ 公众号、QQ 空间等都是不错的选择。

以 QQ 空间为例，QQ 空间为广告文案发布提供了一个灵活有趣、便于操作的平台，广告功能强大。

在 QQ 空间中，说说、相册、日志以及 QQ 空间中的互动功能都能发布文案与广告信息。

　　说说——QQ 的说说与微博的动态类似，但是比微博动态 140 字的限制更为强大的是，QQ 说说可以发表上万字，同时可发布的内容也十分丰富，可以插入表情，可以附图片与视频，可以@好友（图 1-14，说说发布示意图）。

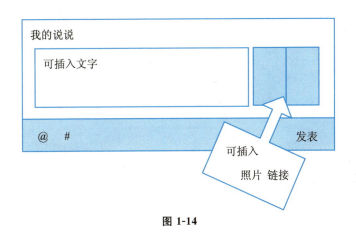

图 1-14

　　相册——QQ 相册可以存放、展示大量的产品图片、广告图片、活动图片等，有助于推广企业产品、维护企业形象、发布企业最新促销和推广活动信息，更适合图片文案的发布。

　　日志——QQ 日志发布与微信平台的图文信息发布类似，以文字为主，可以配图、配音频、配视频，可以将产品、活动以及企业其他重要的信息保留下来，以便于用户查看翻阅。

　　互动功能——如"签到"功能，能为企业的 QQ 空间吸引人气。小米手机在 2014 年选择在 QQ 空间首发红米，此前在为产品推广预热的过程中，有超过 1 500 万用户参加了签到预约，在首发瞬间，有超过 500 万用户涌入小米官方 QQ 空间的红米首发页面。红米在当时创造了国内手机品牌网络营销的新纪录。

1.4　一个优秀小编的自我修养

 各抒己见

你觉得自己是否具备成为一个优秀的文案撰写编辑的潜力呢？在你看来，文案编辑的工作都包含哪些呢？

1.4.1　能力出众，工作得心应手

如果你想要从事新媒体文案工作，那么你必须满足企业对文案工作的工作要求，有能力胜任这份工作。

先来看一下某公司对文案人员的工作要求（图 1-15）。

职位要求：

1. 有一定的创新意识、创新能力，对问题有独到见解。
2. 能熟练使用常用办公软件，有较强的活动策划能力。
3. 文字表达能力好，文字写作功底扎实。
4. 文笔思路清晰，严谨，有创意。
5. 工作严谨负责，踏实肯干，有团队合作精神，有良好的协调能力和亲和力。

图 1-15

从图 1-15 来看，文字能力是文案工作的重中之重，文字功底是对一个文案工作者的基本工作素质和能力的要求。

◆ **扎实的文字功底**

作为文案岗位的最基本要求，一个优秀的文案小编对文字的驾驭能力应该达到怎样的水平呢？

文案通过文字传递一定的信息给读者，准确的文字表达才能确保信息的准确传达。

因此，表达精准是优秀小编文字表达的"第一要务"（图 1-16）。

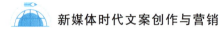

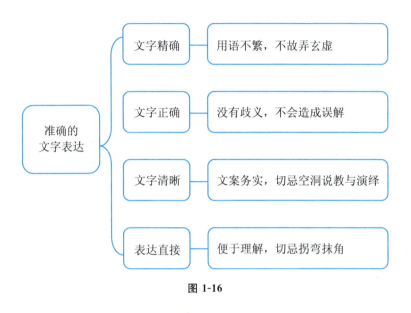

图 1-16

◆ **创新创意思维**

新媒体商业阵地竞争激烈，每天都有无数个文案从各种平台与渠道发出，能成为爆款的文案可谓是凤毛麟角。在如此多的文案中，富有创意、与众不同的文案往往更有辨识度，更有机会脱颖而出。

因此，作为一名文案工作者，必须要头脑灵活、思维活跃，富有创意。

◆ **出色胜任各种职责**

在各大招聘网站上，不同企业对新媒体文案工作职责的描述不同，但大都不仅限于文案撰写，还会涉及更多关于文案的策划、宣传、接洽等工作，如文案内容策划、文案投放、热点事件跟进、品牌推广、推广运营、数据分析等。这些工作可以大致分为四类（图 1-17）。

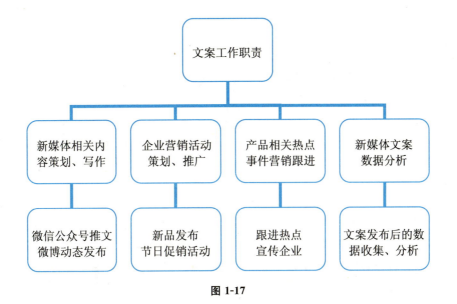

图 1-17

1.4.2　积极进取，不断丰富知识与提高素养

俗话说"活到老，学到老"，新媒体文案站在全社会信息发布的最前沿，一定是需要庞大的知识积累来支撑的。

那么，作为文案工作者，我们应该提升哪方面的知识与素养呢？

有人说"文案就是文字广告"，如果不懂得广告写作、策划、设计等知识，就不能很好地把控广告活动规律，要成为一名优秀的小编，即使没有系统的广告学知识，也应该主动接触和丰富这方面的知识积累。

新媒体文案侧重于信息的人际传播，传播学知识也应该是文案工作者需要不断学习的知识。

"文案是沟通的艺术"，如果不懂得消费者的心理，又怎么能写出戳中用户"痛点"的文案呢？因此，从事文案工作，心理学相关知识必不可少。

媒文共赏

一句话文案

好的文案从来不以文字多少"论英雄"，而在于对目标用户心理的精准狙击。

BOSS直聘有一句文案非常有名："找工作，我要跟老板谈！"，新颖的切入点立刻引发了求职者的好奇。这是一句话文案的成功典范。

在大众的惯性思维中，找工作通常是与企业的人事对接，老板怎么会有时间面试求职者呢？但不可否认，一个企业的最高决策者，是最清楚自己的团队需要哪些人才的。

该句广告语从求职者需求出发，既表明了企业招聘的诚意，又强调了求职者求职过程中的主动权，给求职者以求职主动和顺利的感觉。

现代社会，不仅职场竞争激烈，中介平台对人才与用户的竞争也激烈异常，正是这句广告文案让BOSS直聘从几个几乎垄断招聘行业的"大佬"手中能成功分流走一些用户。

每一个小编，作为连接企业或产品与用户之间的桥梁，不仅需要隔着屏幕与人沟通，也需要在真实工作环境中与人沟通，一个文案工作者还应该是一个"社交达人"，能决策、懂礼仪、会协调。

在新媒体文案的"文字战场"中，谁最先能嗅到有用的信息，谁就有机会在信息发布中抢占先机；谁能更聪明地追踪热点事件，谁就能抢占更多的流量资源。因此，新媒体文案工作者还应该具备高于普通人的洞察力，如果你能在纷纷扰扰的信息中筛选和抓住最有爆发力的"点"，你就有可能引爆下一个爆款文案！

总之，文案写作者应是自己业务范围内的"专才"和业务范围外的"通才"，不仅要精通文字工作和营销知识，还需要了解和掌握心理学、传播学、行业专科知识等。你懂的知识越多，组织和策划起文案来，就越得心应手、水到渠成。

 随机提问

1. 什么是文案？新媒体文案有哪些特点？

2. 你能不能快速说出几个你经常接触的新媒体平台或类型，它们分别是什么？

3. 要成为一个优秀的文案工作者需要具备哪些能力与素质？

4. 你能不能推荐或分享几本有助于丰富新媒体文案工作者知识的书籍？

第 **2** 章
文案创作前的几个疑问

　　新媒体时代，人人都可以进行文案创作，晒在各种网络平台上争夺眼球。那么，如何写出令人惊艳的文案呢？

　　你是不是也会苦恼于无处寻找写作灵感，不知道该从何处下手呢？文案创作是一门高深的学问，在创作之前，我们需要做很多的准备工作，为了增加文案的可读性，我们需要思考如何才能让自己写的文案得到大众的认可，被更多的读者转发。接下来，就让我们一起来探讨关于文案创作前的那些疑问吧！

2.1 写作灵感来自哪里？

各抒己见

在形形色色的人群中，每个人写作灵感的源泉可谓是五花八门，有的通过与他人交流获得灵感，有的在旅行中汲取灵感，也有的将跑步锻炼视为获取灵感的方法。

你的写作灵感又来自哪里呢？

如果你对新媒体文案创作还不熟悉，那不妨先将它看成是普通文章的撰写，文字不会自己跳入脑海，找到写作灵感很重要。

灵感之所以可贵，就在于它不是随时都有，也不是你想找就一定能获得，但是这并不意味着文案创作的灵感就无迹可寻了，文案创作的灵感来源其实并不难找。

那么，创作文案，到底应该去哪里寻找灵感呢？别急，或许你可以重点从以下两个方面来寻找灵感。

2.1.1　从社会生活中寻找灵感

社会生活的灵感藏在哪里？一是社会时事热点，二是身边的人生百态。

生活在这个快节奏的时代，我们每天都能在网上看到铺天盖地的"时事热点"，这就为我们的文案创作提供了丰富的灵感来源。然而热点虽多，却不是每一条都能用得到，还需要我们从中筛选出与我们的文案创作领域相关的那部分。例如，如果你的文案创作领域是房地产经济方面的，那么关于房价变动的热点新闻就是你要关注的重点，而如果你的创作领域是体育运动方面的，那么重大的体育赛事无疑能为你提供灵感与素材。

关于身边的人生百态，我们可以在日常生活中对身边发生的事情多加留意。或许是一道美味佳肴的制作过程，或许是一段失败的感情经历，也或许只是邻里之间的暖心互助……

只要你留心观察和思考，看似平常的事情都可以成为你的写作素材，激发你的文案创作灵感。

2.1.2　从书籍、影视中汲取灵感

阅读是一件非常美好的事情，它能让我们了解古今中外各种有意思的人或事，这些人和事，可以直接挪用到新媒体文案创作中，也可以将其与现实社会生活作对比，从而引发一系列的文案探讨。

此外，观看影视作品也能激发我们的创作灵感。与书籍不同，我们可以在观看电影、电视的过程中更加直观地感受不同时空的人和事，在视觉和听觉的双重感官冲击之下，我们会很容易想起与现实社会生活中相似的情节，从而激起我们对类似题材的文案的创作灵感。

2.2　写作前需要做哪些准备工作？

虽然新媒体时代的文化总是被冠以"速食文化"之称，但是一篇优秀的文案从来都不是能信手拈来的，在确定好写作主题之后，我们需要做很多前期的准备工作（图 2-1）。

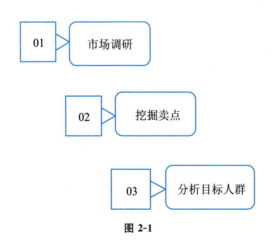

图 2-1

2.2.1　做好市场调研

 指点迷津

何谓"市场调研"？

市场调研，是指针对一个特定的研究主题，有计划地收集相关市场信息和资料，并运用科学的方法进行分析。市场调研涵盖的内容非常广泛（图 2-2）：

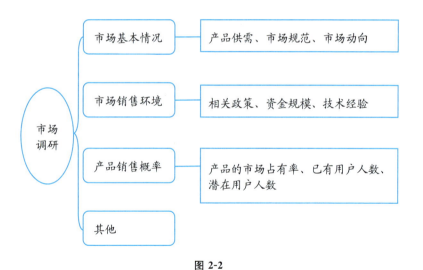

图 2-2

新媒体文案创作的内容构建和效果的实现，与企业产品和品牌在市场中的价值紧密相关，而在当今社会经济环境瞬息万变的情况下，市场环境自然处于不断发展变化之中。因此，为了适应市场环境的变化，进行市场调研，了解市场环境变化趋势，是非常有必要的。

对于新媒体文案创作者，尤其是企业文化、品牌的推广和宣传类的文案创作者来说，要想写出一流的文案，达到宣传推广目的，做好市场调研的工作就显得更加重要了。

市场调研对于新媒体文案的创作过程，以及后期的评测检验都有很重要的意义（图 2-3），是文案创作的基础。

参考依据的提供	了解市场需求、市场趋势，为新媒体文案创作提供参考和依据
丰富素材的积累	获得贴近市场生活的新想法、新创意，为新媒体文案创作积累丰富素材
评估标准的作用	市场调研是评估新媒体文案创作的重要标准，能帮助创作者及时发现问题、纠正错误

图 2-3

那么，既然市场调研如此重要，我们又该如何开展这项工作呢？

关于新媒体文案创作的市场调研方法，主要有三种，不同方法详解如图 2-4 所示。

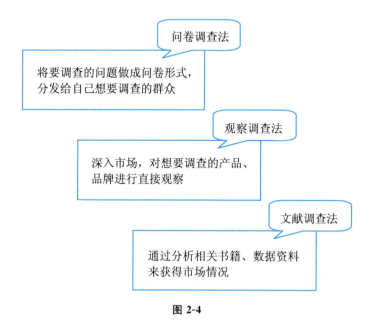

问卷调查法

将要调查的问题做成问卷形式，分发给自己想要调查的群众

观察调查法

深入市场，对想要调查的产品、品牌进行直接观察

文献调查法

通过分析相关书籍、数据资料来获得市场情况

图 2-4

2.2.2 挖掘产品卖点

在做完市场调研后，接下来要做的就是对文案所要推广、宣传的产品卖点进行挖掘。

产品的卖点，实际上就是产品的价值分析，要想让自己宣传的产品从激烈的市场竞争中脱颖而出，就要善于将这一产品的独特价值表现出来，这样才能更加快速地吸引用户，给用户最佳的消费理由。

那么，如何挖掘产品的卖点，表现产品的价值，便是新媒体文案创作需要考虑的问题了。

对产品卖点的发掘，我们要重点突出几个要点（图 2-5）。

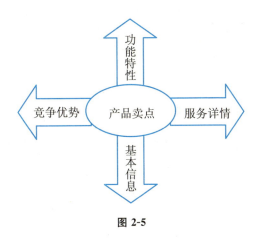

图 2-5

首先，在进行新媒体文案创作时，要重点突出产品的优势所在，也就是产品的功能特性。需要注意的是，文案创作中对于产品功能特性的展示，切忌长篇大论，而是要抓住产品最吸引人的地方，也就是用户最想要的特性，进行精炼概括。

其次，新媒体文案创作要突出产品的基本信息。以纯净水的广告文案为例，当纯净水刚开始盛行时，很多纯净水品牌的广告只是一味强调自己的纯净水很纯净，而"乐百氏"纯净水却明确提出了"经过 27 层净化"的宣传文案，给消费者留下了深刻的印象。

再次，在挖掘产品价值时，最简单的方法就是直接将产品的竞争优势告诉给广大消费者。比如"香飘飘"奶茶，当年就直接抛出了至今仍家喻户晓的"一年能卖三亿多杯，杯子能绕地球一圈"的经典广告词，"骄傲自豪"地"炫耀"自己的"成绩"，受到了众多奶茶爱好者的追捧，很快成为中国杯装奶茶领域的领导品牌。

最后，如果是使用类型的产品文案，在挖掘产品卖点时就不能忽略产品的服务详情，因为售后服务也是当代消费者们非常注意的一个消费需求，如果能将本产品细心周到的售后服务在文案中体现出来，肯定也能为自己吸引不少的消费客户。

2.2.3　分析目标人群

文案的目标人群，实际上就相当于产品或品牌的潜在客户，针对不同的客户，我们要拿出不同的宣传文案来迎合他们的需求，获取他们的好感。

当目标人群是高收入、注重生活品质的白领阶层时，想想看，如果你的文案只是一味强调价格优惠、多买多赠等特点，能不能吸引他们呢？

如果你以大品牌、高端奢华这样的修饰词去撰写文案，而目标人群却是精打细算的家庭主妇，文案又会有什么效果呢？

对目标人群的分析，就是要分析不同受众的区别，从而帮助我们有针对性地提出适合这些人群的新媒体文案。对此，我们可以从三个方面入手（图 2-6）：

个人方面，包括目标人群的年龄、职业、生活习惯、价值观等。从年龄上来看，不同年龄段的人有不同的产品需求，青年人喜欢新鲜刺激的时尚潮流，中年人关注家庭生活用品，老年人则对医药保健类产品的需求更多。同样的，职业、生活习惯以及价值观，都会直接影响人们的消费观念和消费需求。同样是买衣服，有的人追求品牌，有的人追求质量，还有的人只追求实惠，究其原因，大多是因为职业和生活习惯使然。

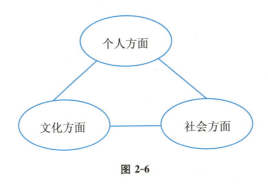

图 2-6

文化方面，不同的国家和地区，文化不同。例如，中国人喜欢红色，认为红色代表喜庆和吉利，而在一些西方国家，红色却代表暴力和血腥。除了地理位置，实际上每个人所处的社会位置，也就是社会阶层也会形成独特的文化圈，所以我们经常会发现，不同社会阶层的人无论是在服装选择还是娱乐爱好方面都会有很大的不同。由此可见，这些不同的文化背景，实际上直接对人们的审美和喜好产生了很大的影响。

社会方面，既包括每个人的家庭角色，也包括他们的社会角色。如果让你写一篇关于某流行玩具的文案，你会将目标人群锁定为家庭中的哪一位成员呢？是想买玩具的孩子吗？不，正确的想法是将目标定为家庭中的妈妈。不同的家庭成员在不同购买行为中发挥着不同的作用，而在传统的中国家庭中，妈妈往往是负责购买生活用品和孩子的各种学习和娱乐用品的重要成员，发挥着关键作用，因此妈妈才是玩具文案的推广对象。

因此，针对不同人的社会角色，我们要善于思考，如此才能推出"适销对路"的新媒体文案。

2.3　如何让文案自带传播属性？

在信息高速传播的新媒体时代，文案只有被广泛传播出去才可能会有价值，那些阅读量 10W＋的文案，不仅可以以最低的成本给企业带来最高的收益，而且可以让企业在短时间内迅速提高知名度。因此，写出传播量惊人的文案，大概是每一个新媒体文案创作者梦寐以求的事情了。

 各抒己见

你觉得新媒体文案如何才能被广泛传播呢？是不是只要传播渠道广就可以了呢？新媒体文案可以自带传播属性吗？

要说新媒体时代与传统媒体时代的最大区别，大概就是在传统媒体时代，人们对于信息的接收主要是被动的，而在新媒体时代，人们却是主动选择自己喜欢的文案信息。

以电视广告为例，传统媒体时代的广告可以三遍连播，靠不断"刷屏"对人们进行洗脑式攻击，一晚上下来可能电视剧情节你记得不是很清楚，中间插播的广告词倒是可以倒背如流了！

然而在新媒体时代，仅仅依靠"霸屏"在人们脑海中植入广告文案的方式似乎已经行不通了，因为在这个时代，信息传播的方式变得丰富多彩，人们的选择变多了，对文案的要求也越来越高，这也导致文案创作者们不得不在文案本身花更多的工夫，让写出来的文案能够自带传播属性。

那么，有哪些技巧可以让我们的文案自带传播属性呢？图 2-7 可以给你答案。

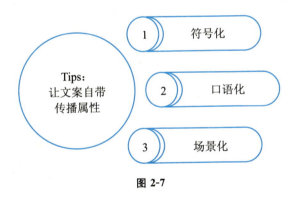

图 2-7

2.3.1　符号化——让你的文案更形象

为什么要将我们的文案符号化呢？试想一下，如果让你用一样东西来作为北京这座城市的标签，你会选择什么？是长城、天安门，还是烤鸭、炸酱面？事实上，我们所想到的这些都是一种符号，当我们提到这些，就会自然而然地想到北京。

正如每一座城市都有自己独特的符号一样，我们也可以将自己的文案

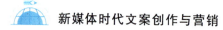

符号化，这种符号可以是视觉上的文字和图案，也可以是听觉上的语言和音乐，甚至可以是嗅觉上的气味和触觉上的质感。

当文案宣传的产品或品牌被符号化之后，会产生什么效果呢？

想想看，现在最受欢迎的两大购物平台——天猫和京东，一提起它们，你首先想到的会是什么呢？大多数人脑海中都会马上浮现出这两大品牌的logo吧！这就是广告符号化产生的效果。

符号化，让我们的文案变得形象而生动，即使只是简单的线条勾画而成的轮廓，也能让人在第一时间联想到相关产品。

2.3.2　口语化——让你的文案脱口而出

将文案口语化，实际上就是为你的文案加上一条强有力的广告语，这也是广告文案的精华所在。

一句好的广告语对企业来说无异于是画龙点睛，有很多品牌都是靠深入人心的广告语提高了知名度，赢得广大消费者的喜爱。

新媒体时代，人们每天接触到的信息成千上万，如果你的广告语复杂又绕口，自然不会被很多人记住，相反，那些简单又口语化的广告文案反而更容易受到大众的青睐，成为自带传播属性的存在。

以当前正流行的美团外卖为例，"美团外卖，送啥都快！"既简单明了，又非常的口语化。又比如矿泉水类的"农夫山泉有点甜"，简单的几个字就突出了农夫山泉的水质。还有蒙牛酸酸乳的"酸酸甜甜就是我"，既通俗又俏皮，直接吸引了众多年轻人的眼球。

2.3.3　场景化——让你的文案常被提起

场景化，也就是给文案设定一个特定的场景来植入产品或品牌，如此一来，当消费者处于对应的或类似的场景时，就会很容易想起与此相关的产品和品牌。

将场景化运用得炉火纯青的国内广告文案当属以"饿货"策略在几年间横扫巧克力市场的"士力架"："横扫饥饿，做回自己！"以饥饿为场景，当人们精力不足，不能发挥出正常水平时，就会马上联想到能迅速补充能量的"士力架"了。

媒文共赏

自带传播属性的"饿了么"

"饿了么"，是近年来比较流行的在线外卖点餐平台。

试想一下，消费者在什么时候会想到要定外卖呢？当然是饿了的时候。"饿了么"实际上是我们生活中每天都会经历的场景，也是我们经常会提起的口头语。

"饿了么"文案的高明之处就是，它既做到了能被人脱口而出的口语化，又很好地运用了场景化的文案技巧，使人们在点餐的时候很自然地就会想到这个品牌。

2.4 如何让人更愿意转发？

新媒体时代下，消费者不仅是各大媒体平台下的信息接受者，更是庞大的信息传播群体，如何让自己的文案成为大家都愿意转发分享的内容，是新媒体文案创作者们都非常关注的问题。

如何让人更愿意转发你的文案，这就要看你的文案是否能让读者从中获得以下两点（图 2-8）。

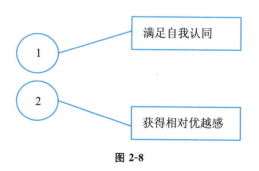

图 2-8

2.4.1　满足读者的自我认同

我们都知道，读者在阅读到自己感兴趣的文案时，有时会对一些文案进行点赞并转发，那些能让读者愿意主动转发的文案，不一定是多么的精彩绝伦，但肯定是符合读者的自我认同感的文章。

读者们转发分享一篇文案，并不是无意识无目的的行为，而是通过分享这种与自己的自我认同感相符的文章，来塑造他人眼中的自己，潜移默化地告诉别人，"其实自己就是这样的人"。

指点迷津

自我认同与自我形象的塑造

自我认同不仅仅源于对自身的自我认知，还需要从外界获得，换言之，就是需要得到别人的认可，这就要求我们对自我形象进行塑造。

自我认同可以通过外在形象、内在形象以及理想形象来实现对自我形象的塑造。外在形象包括外貌、籍贯、学历、家庭等能直接体现出自己是谁的信息，内在形象主要体现个人的思想和价值观，而理想形象则表现自己的理想追求。

我们可以以一份中国传统艺术——戏剧的文案为例（图 2-9）：

图 2-9

想想看，什么样的读者会转发这份文案呢？

一方面，我们可以猜测转发这份文案的读者是一位戏剧工作者，因为这满足了他的职业即个人身份的自我认同。

另一方面，如果读者是一位戏剧爱好者或者想从事戏剧工作的人，也很可能会对这份文案进行转发，因为文案的内容可以帮助他向别人展示自己的内在形象（爱好）和理想形象（理想追求）。

无论从哪一方面来看，其实都是因为这种文案满足了读者的自我认同，对文案的转发就是读者在他人心中塑造自我形象的过程。

2.4.2　让读者获得相对优越感

在微信推出"微信运动"的小程序之后，有很长的一段时间，大家都开始热衷于在朋友圈晒自己每天走的步数（图2-10，朋友圈步数排行示意图）。

朋友圈步数排行榜		
我	5678	❤
1 小王	15678	❤
2 李老师	12345	❤
3 表姐	9876	❤
4 张总	8888	❤
5 刘姐	6666	❤
6 修车师傅	6543	❤

图 2-10

"微信运动"之所以受到大众的追捧，不只是因为它迎合了当下人们开始注重运动健身的风气，还因为它的"排行榜"功能。

当用户打开运动小程序，看到排行榜上显示自己走路的步数排在前列，超越了众多的微信好友时，毫无疑问，会让他们感受到比较中的优越感和心理奖励。

事实上，很多朋友圈中的小游戏都是通过排行榜开始流行起来的，用户在排行榜中获得了相对优越感，便产生了对游戏的热情，并对该游戏进行转发分享，而朋友圈中的朋友看到后也会乐于参与比较，如此多个循环下来，这款游戏就会在朋友圈中迅速爆红！

同样的，我们也可以利用人们觉得"有趣"而愿意分享、转发的心理来策划、撰写新媒体文案。例如，微博文案的热门话题征集、带话题评论、积赞评论等，都能充分调动起受众积极参与讨论、分享、转发的心理，用户在获得热评、点赞成就的同时，也为文案活动发起者带来了超高人气。

以游戏的方式让用户能在比较中找到乐趣、获得相对优越感，这样的文案怎能不让人乐意转发呢？

2.5　如何吸引更多人的关注？

2.5.1　紧跟"热点"，增加点击量

媒文共赏

《第一批"90 后"已经出家了》

在"00 后""10 后"等"后浪"纷至沓来的大背景下，"90 后"的"佛系文化"逐渐成为人们津津乐道的一大话题，"佛系青年"意外走红（图 2-11）。

很多新媒体也紧跟时代潮流，推出许多类似于《第一批"90 后"已经出家了》的文案，来讨论"90 后"的养生、健身、交友等热门话题，从不同角度来讲述"90 后"的佛系故事（讲一种怎么都行、看淡一切的生活态度与方式），赢得了极高的点击量。

图 2-11

不管在什么时代，热点新闻、事件，都会吸引大多数人的眼球，成为大家关注的焦点，这样的话，如果我们能做到将新媒体文案的内容往当前社会的热点上靠，就能大大增加文案的点击量。

当然，要将新媒体文案的内容与热点进行无缝结合也是需要技巧的。一方面，我们需要选择合适的角度切入热点；另一方面，还需要根据读者（用户）的需求适当地加入热点，这样才能让读者在关注热点的同时也在不知不觉间被我们创作的文案所吸引。

2.5.2　戳中"痛点"，引起共鸣

指点迷津

何谓"痛点"？

痛点，是指那些市场不能充分满足，而客户又迫切需要得到满足的需求。通俗地讲，痛点其实就是很多人在日常生活中经常会遇到的问题和抱怨，这些问题长期得不到解决，让人们感到痛苦。

想要让自己的文案成功吸引更多人的关注，需要认真体会读者或用户的真实需求，戳中他们的"痛点"。

那么，究竟如何才能戳中人们的"痛点"呢？我们可以以一份爱护牙齿的文案为例。

如果只是一味地在文案中强调爱护牙齿的重要性，那么很明显，这样的文案还不足以吸引人们的眼球。而如果直接以问句开头：是不是长期受牙齿疼痛、吃嘛嘛不香的困扰？直击目标用户的"痛点"，这样反而能很快引起他们的共鸣，使其成为该文案的关注者。

2.6 如何增加粉丝黏性？

2.6.1 什么是粉丝黏性？

粉丝黏性，也就是粉丝的关注度。增加粉丝的黏性，实际上就是要让自己的文案被人记住，并形成长久的影响。

为什么有些文案能让人在很长时间都念念不忘，而有的却只如昙花一现般很快就消失在人们的视野中呢？

实际上，不同文案能否被用户记住，让用户记住多长时间，取决于粉丝黏性的强与弱。

增加粉丝的黏性，其实就是在不改变文案内容的基础上对文案进行深层次的包装，让文案变得令人难以忘怀。

2.6.2 三大技巧，让粉丝迅速"黏"上你

如何让你的文案成为粉丝心中的长久记忆，使粉丝迅速黏上你呢？这里有三个技巧分享给你（图2-12）。

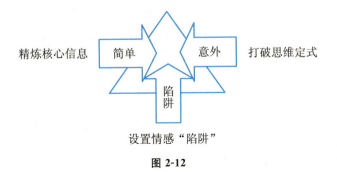

精炼核心信息　简单　意外　打破思维定式

设置情感"陷阱"

图 2-12

首先，要简化你的文案，提炼出文案中的核心信息。

其次，文案内容要出其不意，打破传统思维定式。

最后，设置情感"陷阱"，让粉丝在不知不觉间坠入你设下的情感"圈套"中无法自拔！

 精炼核心信息

各抒己见

以下两则 MP3 广告文案，你觉得哪一条更容易记忆？

（1）把 1 000 首歌装进口袋里。

（2）它的外观小巧，携带方便，颜值与音质俱佳，让你随时随地都能畅听世界的声音！

在各种文案铺天盖地的新媒体时代，要想让自己的文案被他人长久记住，就一定要学会将文案简单化。将文案简单化，并不等于减少文案中的信息量，而是剔除那些无关紧要的信息，用最简短的语言提炼出最核心的那部分信息。

精炼核心信息，要做到以下几点（图 2-13）：

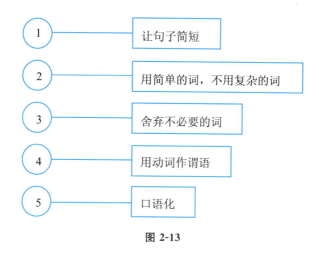

1	让句子简短
2	用简单的词，不用复杂的词
3	舍弃不必要的词
4	用动词作谓语
5	口语化

图 2-13

◆ **打破思维定式**

这个世界上每天都发生那么多事，我们会对哪些事情更加留意呢？毫无疑问，我们更关注那些出乎意料的、打破我们的思维定式的特殊事件。

那么，是不是只有那些非典型案例才能吸引大家的视线呢？不是的，新媒体文案范围如此之广，单靠那些出现概率极少的事件当然不足以维持文案的创作。

在文案创作中，打破思维定式，其实就是在人们固定的思维模式上对事件进行修改。

例如，有这样一句广告文案："黑夜给了我黑色的眼睛，我却用它来戴墨镜。"听着亲切，又十分有趣，这句文案是由诗人北岛的名句"黑夜给了我黑色的眼睛，我却用它来寻找光明"改动而来，将我们头脑中记忆的常规知识进行重新解构，形成反差，既在意料之外，又在情理之中。这样打破思维定式的文案，怎能不让人印象深刻呢？

◆ **设置情感"陷阱"**

关于放下手机，有这样一则感动了无数中国人的公益广告文案：

"24 小时紧握手机，但你握紧过她（母亲）粗糙的双手吗？

每 5 分钟刷新一次微博，但你擦拭过她（妻子）脸颊的汗水吗？

18 000 秒盯着股市出神，但你回望过她（孩子）渴望的双眸吗？"

我们也许会对那些关于长时间看手机会造成哪些危害的长篇大论或者严谨的数字置若罔闻，却很难抵抗得住这种令人心酸的情感文案，它不给你列举玩手机有哪些坏处，而是给你设置情感"陷阱"，让你在浓浓的亲情中切实感受到沉迷于玩手机的自己是多么糟糕。短短的文案，却能给人持久的心灵触动。

 随机提问

1. 在进行文案创作前需要做些什么呢？有什么需要注意的吗？

2. 想要让文案拥有自带传播属性的魔力，有哪些技巧？

3. 什么样的新媒体文案能让人主动转发呢？

4. 朋友正在运营一个读书公众号，对于如何能让自己的文案长期受粉丝关注方面有些困惑，你有什么好的建议吗？

第 **3** 章
文案创作的秘密武器

    在日常的工作和生活中，你是否见过令你拍案叫绝的文案？当你读完某些精彩的美文时，心中是不是会有一丝羡慕、嫉妒甚至"恨"呢？羡慕创作者可以游刃有余地完成软文写作，嫉妒他们总能想出博人眼球的标题，"恨"自己永远找不到一个能引起关注的话题。与其在这里羡慕、抱怨，不如脚踏实地地展开学习、研究和实践。本章就为你奉上文案达人们创作文案时使用的秘密武器。

3.1　软文形式，可以被复制的成功

3.1.1　何谓软文?

软文即企业营销团队或个人在网络、报纸杂志、智能手机、DM 等宣传载体上刊登的宣传性、阐释性或叙述性的文章。

◆ 软文的作用

软文可以有效提升品牌形象和知名度，提高产品的销售业绩，其文字内容主要有分享故事、提供体验、专业评测或信息宣传等。

◆ 软文的优势

与硬性广告营销相比，软文具有"软"优势（图 3-1）。

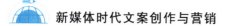

图 3-1

其一，很强的传播性。因为"软"的特点，好的软文往往有着营销以外的附加价值，对普通读者而言，好软文就要有好的阅读体验和丰富知识的收获。因此，质量高的软文往往更容易被读者传播出去，利于提升产品品牌的知名度。

其二，很高的精准性。软文营销具有明确的目的和标准，不论是内容的创作，还是渠道的设置选择，均围绕着潜在消费者的基本定位进行。因此，成功的软文可以为企业带来精准的用户。

其三，极强的转化性。软文中包含的营销信息，能伴随其传播，对用户的消费观和生活带来持续性的影响。因此，好的软文一定可以带来很高的用户转化率。

◆ 软文的形式

软文的形式可能是一篇特写文章，也可能是论坛帖子，或者是私人博客，还可能是微信朋友圈等。软文的形式是多种多样的。

◆ 软文的内容

软文的内容包括故事、对话、日记、访谈、图文等，也可以插入音乐、视频等。

3.1.2　好的软文具备一定的特质

◆ **实用**

好的软文一定是对受众有用处、有价值的，其可以对受众有一定帮助。因此，文案创作者在写文章时，要突出其实用性，让受众读完有所收获。

◆ **创意**

上传至各个平台上的软文都希望获得更多的点击量，但如果文章没有新意，缺乏亮点，那么很容易被受众忽视，最终石沉大海。也就是说，软文还必须注重创意，文章要新颖，可以给受众眼前一亮的感觉，这样才能引起受众的好奇心。

◆ **易懂**

软文的受众是来自不同年龄段、不同文化背景及不同社会阶层的，所以其文字无须太高深。咬文嚼字很容易让一部分受众望而却步，因此软文应浅显易懂，让受众不去猜就能明白文章要表达的内容。

3.1.3　软文创作要抓住"亮点"

软文创作可以抓住的"点"有很多（图 3-2）。这里重点分析几个软文创作必备、能轻松掌握，并且见成效的"点"。

- 拿"历史"做文章
- 用故事吸引受众
- 适度曝光行业内幕
- 从对手处找灵感
- 访谈记录
- 调动受众参与感
- 用案例来证明
- 展示荣誉
- 带有情感
- 用数据做支撑

图 3-2

◆ 诉说"历史"

在写营销软文时，可以抓住"历史"这一要点。对于被营销的对象，有些企业有着悠久的历史和深厚的企业文化，尤其是百年老字号，更有很多故事可以诉说，所以文案创作者可以从这方面入手，深入挖掘其历史。例如，茅台和五粮液之所以成为行业翘楚，与其历史和文化有莫大的关系。老的企业有其发展历史，而新创办的企业也经历了创业初衷、企业筹备、产品或服务的设计、生产等历程，自然也有"历史"。

如果文案创作者能抓住企业的"历史"，那么写出的文章就可能会更有吸引力和深度。

◆ 展示荣誉

如果软文中能加入一些企业和品牌所获得的荣誉或社会各界的积极评价，将会引来更多想要进一步了解企业的受众。例如，企业可以找一些大的合作经销商、客户来评价企业，并以这些内容为切入点，或者作为软文写作的一个视角来创作软文。

◆ 带有情感

带有情感的文章更容易触及读者的内心，从而产生共鸣。"情感"营销是所有软文营销形式中的真正"王牌"。因为软文可以传达大量的信息，而且有很强的针对性，如果将情感融入其中，那么很容易获得受众的心理认同。例如，一篇热门励志漫画软文《对不起，我只过 1‰的生活》在众多软文中能"火"出圈，就证实了情感式营销的重要性，这篇软文在题目上就展开了情感式营销，其内容更是引发了很多人的共鸣（有兴趣的朋友可以去进一步搜索了解）。

需要特别指出的是，带有情感的软文并非故意的矫情、煽情，也就是说，如果文案创作者心中没有真情实感，千万不要勉强写这样的文章，否则，不但无法达到营销效果，还有可能贻笑大方。

◆ 用数据做支撑

有数据的文章对受众来说会增加更多的说服力，目前较为流行的数据有天气指数、价格指数、幸福指数、洗车指数等。例如，"一年卖出 2 亿多杯"是某奶茶营销软文中出现的销售数据，惊人的数据支撑，为其带来了更多的消费者。另外，还可以借助各种数据图在文章中进行分析论证，这也能增加文章的说服力。

◆ 用故事吸引受众

故事可以给人们带来新鲜感，所以是一种很受欢迎的传递信息的方式。

软文中如果包含故事，将会加深读者的记忆，从而拉近与读者的距离，促使受众进行消费。

几乎每个稍有实力的企业都有自己的品牌故事，如海尔张瑞敏砸冰箱的故事、茅台海外参展摔酒瓶的故事等，这些故事都为企业的品牌传播做出了不小的贡献。

很多人都喝过即冲饮品，当提到"黑芝麻糊"，你的脑海里会浮现出怎样的场景和哪一个品牌？

有这样一篇关于某品牌的黑芝麻糊的亲情诉说类软文，它以第一人称的口吻，讲述了小时候外婆辛苦照顾自己和哥哥的故事，小而温情（https：//wenku. baidu. com/view/39b720b9a4e9856a561252d380eb6294dc882277. html？fr ＝search）。该篇软文让人读了特别温馨，能感受到亲情的温暖。

这篇软文讲述的是家人之间的亲情故事，借助充满暖意的文字，以达到促销的目的。细腻、温暖的故事会给读者留下深刻印象，同时也扩大了品牌在受众面前的影响力。

文中的故事不仅融入了我们身边的亲情，让受众有代入感，而且能让人感受到品牌的温度（图3-3）。

图 3-3

作者将故事娓娓道来，表面上看只是外婆对"我们"的关爱以及"我们"对外婆手工制作的黑芝麻糊的思念，实际上却达到了对品牌进行宣传的目的。正是因为故事的主人公是外婆和"我们"，讲述的事件也是祖孙之间的日常生活，加上作者细腻而有温度的文字，使得读者在轻松读完这篇软文后对这份亲情、该产品品牌有了更加深刻的印象。

3.1.4 软文创作的几个"锦囊妙计"

◆ 软文的标题要有吸引力

与其他类型的新媒体文案一样，软文的标题也要有吸引力。如果软文的标题没有足够的吸引力，那么读者很可能就会放弃阅读更多的内容。也就是说，创作者在写软文之前，必须先为文章拟一个极具诱惑力、震撼力或者神秘感的标题。例如，某软文的标题为"吹灭读书灯，一身都是月。你的枕边书是哪一本？"当读者读完这句话时，会瞬间在脑海中形成一个和谐的画面，极具意境，而且十分切合文章主题。

◆ 软文的内容要抓住时事热点和流行词

在召开奥运会期间，人们会特别关注赛事方面的新闻报道，所以很多网站、报纸也会刊登大量相关新闻消息，在搜索引擎中的搜索量急剧攀升。可见，软文的内容如果能抓住时事热点，会很容易达到一定的营销效果。例如，某手链的推广软文的标题："寻梦环游记：为爱的人保留记忆，再轻也珍贵"，其借助当时热播的电影《寻梦环游记》，吸引了广大受众的注意力，增加了文章的点击量和受众对文章的接受度。

◆ 软文的结构要清晰

结构清晰也是软文排版要注重的一个方面。一篇软文的排版是否整洁、版式是否优美，除了决定读者的阅读观后感，还会影响读者对文章权威性的判断。

　　具体来说，软文排版应该做到如下几点。

　　其一，软文的排版要前后连贯。

　　其二，如果能为每一段话题标注一个小标题效果会更好，这样能将文章重点体现出来。

　　其三，巧用不同字体、不同字号、图片或其他显眼的标识将不同内容隔开，让受众一目了然。

◆ 软文要自然融入广告内容

　　实际上，软文就是一种广告，软文营销最难处理的就是在不引起受众反感的情况下，将广告自然地融入文章中。如果受众读完一篇软文并没有感受到广告的味道，反而觉得很受启发，对其有很大帮助，那么说明这篇软文是成功的。

　　需要指出的是，广告融入不应放在软文操作的最后一步，相反，在写软文之前就应该想好广告的内容与目标，这样才能自然融入。

3.2 标题创作，牢牢吸引读者的眼球

3.2.1 打动人心的标题让人印象深刻

 各抒己见

你认为文案的标题是否重要？为什么？

有没有让你至今印象深刻的文案标题？它们的哪个点最能打动你？

如果文案标题的语言非常晦涩难懂，你还会继续读内文吗？

如果让你撰写一篇文案的标题，你会注意哪些方面？

不管在哪种类型的文案中，标题的位置永远都是最醒目的，永远是读者最先读到的。可见，标题的好坏会决定一篇文案的生死。撰写打动人心的标题要做到以下三点（图3-4）。

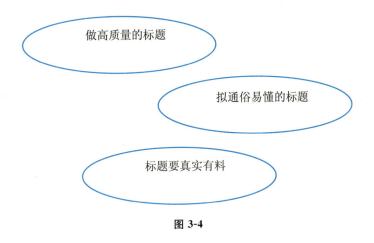

图 3-4

◆ **做高质量的标题**

文案的内容如同超市里摆放的各种物品，而标题则如同你进入超市之前第一眼就能看见的大门。一扇大门能否吸引你并指引你进入，就要看它是否具备足够的魅力。因此，文案标题的创作，关键是要能牢牢抓住读者的眼球。

读者在阅读文案时，往往都是先看标题，标题有吸引力，就会自然而然地读正文。大卫·奥格威指出：阅读标题的人数是阅读正文人数的 5 倍。这个数字在当代很有可能翻 1 倍，甚至 2 倍、3 倍……

虽然读者还没读正文，但是只要扫一眼标题，就基本形成了对整篇文案的印象。读者的第一印象，可能就决定了文案的成败。

好的标题，能在瞬间为文案做出"优"的评定，并且调动读者的阅读兴趣。在互联网飞速发展的时代，这种秒下定论的效应尤为明显。当用户点开网站或者 App 页面后，一般都是快速浏览、寻找、离开，留给一篇文案的时间可能不足三秒钟，通常不会字斟句酌地深挖每句话，所以文案创作者要做的就是写出一个好标题，让读者有读下去的意愿。

概括来说，文案标题有三个作用（图 3-5）。

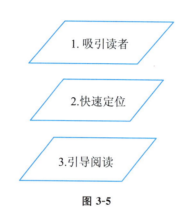

图 3-5

总之，不管你用多少工夫创造出极具说服力的文案内文，或者你所描述的产品再优秀，如果一开始就没能吸引消费者的注意力，广告就基本失败了。

◆ **拟通俗易懂的标题**

文案标题的语言要通俗易懂。因为文案面向的读者可能是各个阶层的人士，所以文案标题不可过于深奥，否则一部分读者很可能因为不理解标题而放弃继续读内文。

也就是说，文案只要做到简洁易懂便基本能吸引读者的目光。不少文案新手总想写出惊世骇俗、超逸绝伦的标题，所以在选词用字时，专挑生僻词，甚至自创词，最后费尽心思拟出的标题并不被读者买账。一些读者觉得生僻的字词和句子难以理解，所以宁可直接放弃读内文，这种情况创作者一定要考虑到。

◆ **标题要真实有料**

标题要言之有物，向读者传递信息，不可意义模糊，也不可为了吸引读者而夸大其词，或玩文字游戏欺骗读者。

一篇文案要发挥出作用，必须具有可传播性，真诚的文字往往会让读者主动分享，从而实现二次、三次等传播。

 指点迷津

令人讨厌的"标题党"

在网络媒体上，我们时常会因为某个特殊的标题而产生很强的阅读欲望，而打开之后竟然发现，内容并不切题，甚至与题目毫无关系。显然，我们遇到了"标题党"（为了吸引受众的注意力，特意制作夸张、引人注目的标题）。

网友们特别排斥甚至痛恨"标题党"。例如：

1.《为了考研，99％的大学生晚上都会这样……》

正文内容：学生为了研究生考试，复习到深夜。

2.《震惊！一家 25 口凄惨遭遇！》

正文内容：生物专业小白鼠的解剖报告。

当看到这类标题时，很多网友会因为好奇而点开阅读，读完发现标题与内容完全是两回事，感到十分失望、气愤。因此，文案创作者应杜绝拟这类标题。

3.2.2 文案标题的写作过程

◆ 搭建框架结构，总结关键词

好的文案，其全文的中心思想往往会体现在标题中。创作者在就文案进行构思时，应该先搭建一个大致的框架，然后将关键词罗列出来。

需要强调的是，创作者在拟定文案标题时，千万不要拟一个过大的题目，否则文章内容会显得很青涩，难以衬起标题。例如，某公众号的文章名为《如何赚够人生的第一个 1 000 万》，虽然题目很吸引人，但仔细阅读内文后发现，并没有写出实现这一目标的具体方法，这就是上文提到的"标题党"。

同理，如果一篇文章的内文特别有深度，但是标题很不起眼，读者没有一点点读下去的兴趣，这就特别可惜，属于因小失大。

因此，创作者在拟定标题时，应该先简单罗列出文案的关键词和要表达的意思，然后在下面的步骤中不断进行优化。

◆ 从受众的角度考虑问题

创作者不管是写广告文案还是文章，都应该从受众的角度考虑问题，应该清楚受众的阅读习惯、感受以及心理等。

除了要具体地定位受众，还应该深入受众的角色中，考虑他们在意的是什么、希望得到什么，然后确定用怎样的语气与他们说话更容易拉近彼此的距离、最容易赢得他们的信任等。

例如，如果文案面向的是叛逆青年，那么就要用个性化的语言模仿其口吻；如果文案的受众为文艺女青年，那么文艺口吻更能引起她们的兴趣；

如果文案的受众是中年人，那么可以用家庭、子女方面的话题吸引他们的目光；如果文案的受众为老年人，那么就可以用如何健康长寿、没有病痛的话题引起他们的关注。

当然，除了考虑受众的年龄层，还要考虑不同行业、不同专业的人，要尽可能用他们的习惯和语言进行沟通。例如，如果文案受众为律师，那么标题的语言逻辑就要更加严谨；如果文案受众为设计师，那么就要用一些专业术语或表达更加细腻的语言。

◆ 多类型组合

明确了标题的关键词和受众后，就要着手用标题类型吸引受众。多数有吸引力的标题都不仅属于某一类，而是由多种类型合成的。例如，某文案标题为"鲜为人知的交易秘密武器，让您获利 5 倍以上"，这里的"5 倍"让"获利"更加具体，"鲜为人知"又激发了读者的好奇心，让读者感受到文章与其自身利益有关，于是产生读下去的动力。

◆ 修改

修改是标题写作的最后一个环节，也是不可或缺的一环。每个成功的标题都是经过认真考量、反复推敲和修改得来的。创作者在完成前面三个环节后，就要认真推敲标题用词是否得当，是否需要删减多余的字。

例如，某文案的标题为"我喜欢买房认真的人"，我们在逻辑上对其挑不出任何毛病，毕竟买房对每个人来说都是不小的事儿，理应认真对待。但是，如果将"认真"改为"挑剔"，即"我喜欢买房挑剔的人"的效果会更好，会让读者觉得这与正常的认知存在冲突，尽管也表达"认真"的意思，但换了一个词后为标题增加了许多吸引力。

3.2.3 丰富多样的文案标题类型

◆ 直接展示型

直接展示型的文案标题就是将受众想要的结果体现在标题上，比较典型的是折扣类活动文案的标题。例如，"双十一"电商活动的标题："双 11 特惠开始啦"。

直接展示型是一种常见的文案标题形式，其可以将最吸引受众的标题放在最显眼的位置，引来流量，所以淘宝店铺、微店等在撰写活动策划文案时会经常使用这种形式的标题。直接展示类型的文案标题可以引发一系列的效应（图 3-6）。

◆ 暗喻暗示型

对于文案写作来说，暗喻暗示型的标题也是一种重要的类型，其能引起读者兴趣，从而成功实现文案信息的传播。一般来说，微信中的一些文章习惯用暗喻暗示型的标题，有的文章还用各种图片来做暗示。

例如，倡导大家保护自然环境的一个标题："我们不仅保护大熊猫"，配图为一片长满大熊猫和骷髅的森林，暗示大家保护生态环境的重要性，其突出的主题是"保护自然环境，才能更好地保护野生动物"。

促进产品销售也是暗示型标题的目标。但是，这种标题要先引起读者的好奇心，然后在内文中为读者解答疑惑。暗示型标题可以出现一系列的效应（图 3-7）。

图 3-6　　　　　　　　　　　　图 3-7

◆ **设问型**

设问型的文案标题，一般由问题和答案组合而成，可以立即引起要迫切得到答案的读者的注意。例如，某招租广告："招租是你吗？"并配了一个大大的问号图。这就很容易引起招租者的注意。设问类的文案标题可以出现一系列的效应（图 3-8）。

◆ **命令型**

命令型的标题会直接告诉受众要如何做，可以吸引受众阅读内文。例如，去啊网的广告文案："去哪里不重要，重要的是……去啊"。

与其他类型的文案标题相比，命令口吻的标题更容易对那些还在考虑中的受众产生影响，通过提供相应的内容分析，引导受众购买产品。命令型的标题会引发一系列的效应（图3-9）。

图3-8　　　　　　　　　　　　　　　图3-9

◆ **顾客语言型**

前面提到，文案标题创作应该从受众角度出发。同理，如果标题的语言也能接近顾客的语言，那么将更容易引起顾客的好感，更容易被他们接受，进而促使他们主动地获取文案内文信息。

与其他类型的标题相比，用顾客的语言风格写标题更容易让那些对广告信息反感的顾客放下心中的戒备，接受文案宣传的信息。顾客语言型的文案标题同样可以带来一系列效应（图 3-10）。

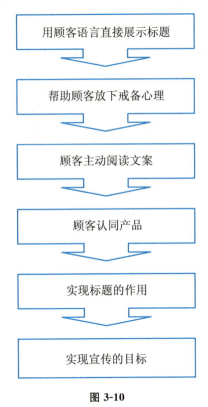

图 3-10

3.2.4 文案标题的写作技巧

不同的文案创作者在创作标题时往往会采用不同的方式。有些创作者会先用90％的时间拟出几十个标题，然后才开始写文案的内文。有些创作者则会先开始写内文，然后从内文中提炼出标题。也有一部分创作者会搜集一些旧广告，将其建立一份标题模板文档，之后在创作标题时以这份文档为灵感的来源。

一个专业的文案创作者应该能独立创造出标题、观点及看法。

文案创作者在创作标题之前，应该先认真思考三个问题（图3-11）。

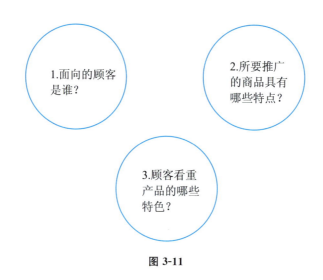

图 3-11

标题的开头不必套用任何模式，可以先设定一个销售信息，之后写出最能传递这个信息的标题。比如，可以用"如何"开头，也可以用"为什么"抛出一个问题。

标题不是一次性就可以确定的，可以多进行几次尝试，最终就会写出理想的标题。当然，有的创作者习惯为一支广告创作出十几个标题。这样做，即便没有被选上，也能拿来作副标题，或者用于文案内文。

如果要为现有的产品撰写新广告，可以先从头至尾看一遍之前的广告，观察其中有没有提到一些销售卖点。通常，产品的销售卖点在内文中就能找到，找到后就可以用来作为标题上的销售信息。

创作是需要灵感的，如果创作者绞尽脑汁也写不出生动的标题，不如直接列一个清单，写出与产品有关的词汇，然后对它们进行排列组合，这样就能轻松地组成很多标题。

如果创作者一时间想不出一个合适的标题，那么可以暂且将拟标题的事搁置一边，先写内文，同时对之前做的一些撰写标题的笔记进行复习。这样，创作者就会自然地想出一些与标题有关的想法。先将有关想法都记录下来，待完成内文后再回头进行斟酌。可能多数想法都不够好，但完美的标题往往都是通过这种方式创造出来的。

3.3　紧跟热点，制造话题

热点文案，是将热点事件的相关元素及情感与目标人群的需求及情感，以及产品元素及相关卖点进行融合的文案（图 3-12）。

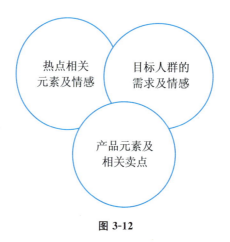

图 3-12

在现实生活中，很多网红文案都是因为紧跟热点而"一举成名"的。很多时候，打造爆文的捷径就是追热点。很多热门事件本身具有很高的流量，如果文案创作者懂得利用热点制造话题，自然会得到更多关注。

指点迷津

跟热点要有度

企业借助热点话题为自己撰写文案，可以有效提高企业及产品的关注度。但是，不是所有热点都能跟的。也就是说，要拿捏好跟热点的"度"，不要跟错，否则很容易会损坏品牌形象。

其一，不管怎样的热点，都不可陷入恶俗。

其二，尽量不跟有争议甚至负面的热点。对于积极正面的热点，企业可以跟，但有争议的，甚至是负面的热点，尽量不跟。不管是哪种品牌，都应该有正确的三观，切勿挑战消费者的底线。

在营销学中，"比附效应"是一个很巧妙的营销手段。比附效应就是指攀附名牌，使自己的品牌与名牌产生一定联系，从而迅速被消费者认识。比附效应可以为企业节约传播成本。企业要想在短时间内被传播，就可以巧用比附效应。比附效应通常被中小型企业用作在竞争中采用跟进的手段，但在新媒体营销中，不管品牌大小，均想借用社会热点造势，以使自己的品牌被广大受众讨论和传播。

例如，电影《星球大战：原力觉醒》一经上映就获得了极高的票房，深受好评。随后各大品牌纷纷借用这一热点，为自己创作了相关文案。甚至有一些品牌会借用热点的势能联合推出相关产品，如某服装品牌联合电影版权方迪士尼推出所有电影里的经典台词"I am your father"的 T 恤。Google 则用自己的标志小人拿着激光剑，配文"我们等这一天等得太久了"。

随机提问

1. 什么是软文？软文写作的要点有哪些？

2. 你能不能迅速回想起曾经看过的令你印象深刻的带你"入坑"的某篇软文，它是怎样促成你实施购买行动的？

3. 文案创作者在撰写标题时要注意哪些问题？可以采用哪些技巧？

4. 针对最近一件热门事件，网友们的正面积极评论和负面评论几乎各占半壁江山，话题热度十分高，你的一位电商朋友想根据此热点策划新产品文案，你有什么建议吗？

第 4 章

视觉元素：好文章需要好"造型"

　　初次遇见某人时，我们通常会第一眼关注其外貌、身材、服饰穿搭等，如果你对这个人外表的各方面都感到比较舒适甚至有好感，那么你就会愿意甚至期待与其有进一步的了解。

　　作为一种营销推广方式，新媒体文案一定要能引起受众的注意。文案犹如产品的"外衣"，只有确保其大小比例、颜色款式等的合理搭配才能完美衬托出产品，产品的特色才能被受众接受并记住。本章就来讲解怎样为文案做"造型"，让它更光彩亮丽、更能吸引受众。

4.1　好的布局增加好感

布局主要是针对文案正文而言的。不管文案的形式进行怎样的变化，归根结底其还是文章，文章的一些写作形式与文案也是相通的。比如，文案的正文有故事式的，也有新闻式的等。不同的文案素材和文案写作思路，要有不同形式的文案布局。

4.1.1　故事式布局

大多数故事式的正文布局形式都容易被读者接受。一个好故事，往往能加深读者对文章的印象，从而拉近品牌与用户之间的距离。

作为文案创作者，要想创作出一篇完美的故事文章，首先要确定产品的特色，提炼出产品的关键词，然后将它们融入故事的线索中，贯穿于全文，使读者读后能印象深刻。与此同时，故事式的正文布局形式应该满足两个要点（图 4-1）。

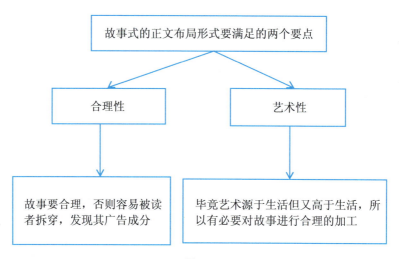

故事式的正文布局形式要满足的两个要点

合理性

艺术性

故事要合理，否则容易被读者拆穿，发现其广告成分

毕竟艺术源于生活但又高于生活，所以有必要对故事进行合理的加工

图 4-1

各抒己见

　　有位刚入职不久的小编所在的企业要利用软文促进产品营销，要求小编撰写一篇有故事的文章，并在故事中插入广告。为让读者更加注意广告，要求小编不必浪费过多的时间考虑文案的内容和结构，故事牵强一些也没关系，突出广告是重点。这种做法是否可行？你有什么好的建议给这位小编呢？如果你是这位小编，你会怎么做？

4.1.2　新闻式布局

模仿新闻媒体的口吻撰写文案的正文就是新闻式布局形式。在当今网络极其发达的时代，新闻式的正文布局能带来二次传播，因为当企业的新闻文案发布出来后，很可能会被其他平台或网站转载。

新闻式的正文布局形式具有如下特点。

◆ 开门见山

一般的文案是不提倡用直白的方式陈述要表现的广告的，但是新闻式的文案恰恰相反，因为它能用文字将一件事情讲得非常明白，然后将产品和企业的信息准确地传播出去。

◆ 有很高的性价比

从成本上说，与相同版面的广告成本相比，企业新闻传播的成本要低至少20％。所以，对于企业来说，通过新闻式的文案进行广告宣传是非常划算的。

◆ 传播更及时

时效性是新闻的一个重要特点（图4-2），这也是新闻式文案特别强调的一个方面。也就是说，企业要想保证新闻文案的价值，应该在第一时间将信息传播出去，让用户及时了解最新消息。

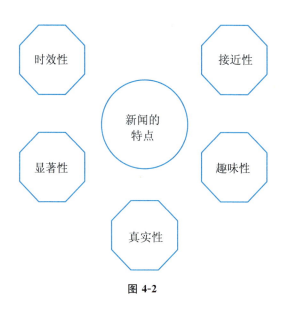

图 4-2

一般来说，新闻类文案在文章开篇部分就会特别强调说明与事件密切的时间点，比方说新产品上市时间、粉丝见面会预计时间、促销购物节日期预告等，都会交代清楚。

◆ **能降低公关危机**

与普通的广告文案相比，新闻式文案具有处理危机的公关功能，所以很多企业遇到公关危机时，会第一时间想到用新闻来降低这种危机。

新闻式的正文布局形式是一种较为常见的文案写作手段，其主要用于报道企业新闻、杰出人物以及动态消息等。对于企业而言，创作新闻式文案的初衷源于"既然做了就要说，并且一定要说出去，让更多的人知道"。

新闻式的文字布局和语言风格，还会让文案更有可信度，不仅"说得出去"而且用户愿意相信。

4.1.3　悬念式布局

悬念式的正文布局形式对激发读者想象和兴趣有重要意义。可以说，这种"卖关子"式的正文布局形式会让读者产生急切的期盼心理，这就容易达到写作目的。

一般来说，悬念式的布局形式，往往会将疑团置于正文中的故事情节、人物命运发展的关键时段，先不予以解答，而是在之后的情节发展中慢慢解开，并不急于说明原因。

在文章开始部分，悬念式文案通常会设置一个有吸引力的悬念，然后将其嵌入情节发展中，引发读者的猜想和关注。

随着文章的深入，当用户读到后半段时，文章才会慢慢"揭晓谜底"，让读者"恍然大悟"。

悬念式文案在正文中制造悬念，有三种方法非常有效和实用（图 4-3）。

4.1.4　递进式布局

递进式布局的正文往往具有思维缜密、逻辑严谨的特点。因为递进式布局通常会将正文的内容一步步铺排，所以会给读者带来一气呵成的畅快感。但是，递进式的正文布局常常会因为点出主题的速度太慢，而无法在开头引起读者的注意。

递进式的正文布局体现在各种层递关系中（图 4-4）。

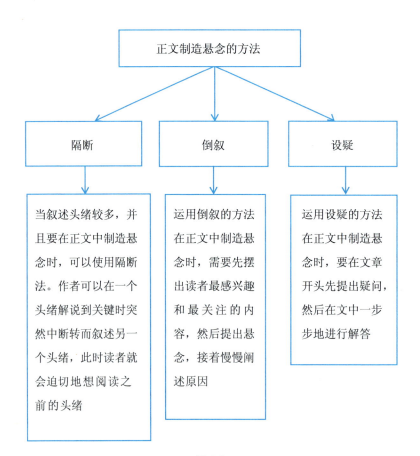

图 4-3

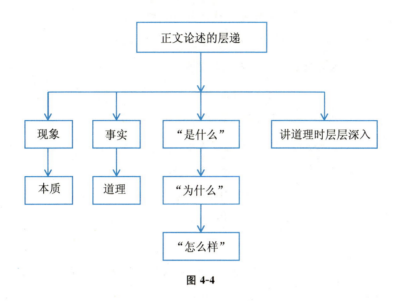

图 4-4

　　通常，在论证式的公众号文案中多见递进式的正文布局形式，其层层深入、步步推进的论证格局对于增加文案的表现力有重要作用。

媒文共赏

　　来欣赏这样一篇关于气质的文章。

　　这篇文章是如何步步深入，引发读者对气质的思考的呢？我们来将一将文章的叙述脉络，看看它是怎么"诱你深入"的吧。

　　开篇感受几个灵魂发问和思考：

　　　　"写字好看的人究竟多有气质？"

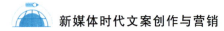
"写字好看，是一种怎样的体验？"

······

随后，进入具有创意和启发性的陈述：

"一家三代泼墨飞花"

"这就是今天极好的家风"

······

接下来，自然诱导，阐述方法、揭示主题：

"书法太美"

"可为什么90％的人都写不好毛笔字？"

······

"教会一个人或许是运气，但教会一群人就真的要归功于方法有效了。"

······

本文来自微信公众号"十点读书"（https：//mp.weixin.qq.com/s/1RODtf1m-msrwn1I0kefJA)，采用的是递进式的布局形式，作者首先以某位女明星为例指出练书法的人拥有深到骨子里的气质，并详细分析了这种气质源于家庭的教育和熏陶。然后，作者详细讲述自己学习书法的经历，从最初的懵懂，到后来爱上这门艺术，坚持学习了20多年。接着，作者还以家长的角度阐明了书法对于孩子的成长有重要意义，如让孩子更专注、更理性和更自律。之后，作者根据自己的教育经验指出大家学习书法时存在的误区及具体对策。最后，作者列举了自己的学生学习获得的成就。在结尾部分，作者详细介绍了所教授的书法课程内容。

层层递进，循循善诱，让读者越读越入迷，能获得"满满的干货"。

4.1.5　总分总布局

总分总布局是文案写作的一种常用布局方式，我们对这种布局并不陌生，学生时期很多课文和阅读理解文章都常见这种结构。

如果文案正文采用"总—分—总"的布局形式，那么就要在文章的开头部分点明主题，然后在主体部分将中心论点分成几个分论点进行横向的讨论，最后在文章的结论部分进行归纳、总结以及必要的引申。在采用"总—分—总"的布局形式进行写作时，要掌握一定的方法（图4-5）。

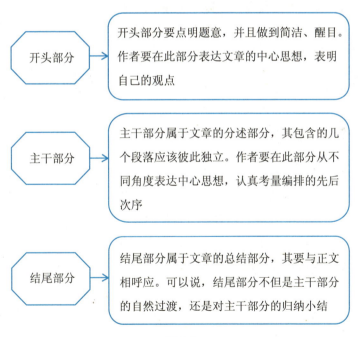

开头部分　开头部分要点明题意，并且做到简洁、醒目。作者要在此部分表达文章的中心思想，表明自己的观点

主干部分　主干部分属于文章的分述部分，其包含的几个段落应该彼此独立。作者要在此部分从不同角度表达中心思想，认真考量编排的先后次序

结尾部分　结尾部分属于文章的总结部分，其要与正文相呼应。可以说，结尾部分不但是主干部分的自然过渡，还是对主干部分的归纳小结

图 4-5

4.1.6　组合式布局

文案正文的组合布局就是根据表现主题的需要，选择几个典型生动的人物、事件或景物片段组合成文。

组合式布局的整体布局也为"总—分—总"，其主体部分包含三到四个片段，其结构清晰、匀称。这种布局模式往往在开头点题，引领下文；主体分成片段组合，各个片段之间相互独立，且又彼此有联系；结尾与前文形成呼应，点明主旨。

组合式的正文布局可以通过以下三种形式来表达。

◆ 时间式

以"时间"为主线来布局全文，一般会以时间线索为引导，简明扼要地叙述不同"时间段"中的主要事件，而将很多内容当成艺术"空白"留给读者去想象和再创造。

◆ 排比式

排比式布局就是指文章的表达会使用排比句。排比式的正文布局形式往往能做到句句紧扣主题，中心突出；层次更加清晰。因此，这种文章更能增强语言的气势与节奏感。

◆ 小标题式

这种正文的写作除了做到整齐、紧扣主题，还要保证文章的艺术感染力，以反映出作品的创作思路。

4.2 好的配图增加阅读量

4.2.1 选用图片要遵循一定原则

◆ 选择图片要遵循 3B 原则

要想全方位地介绍一件产品，最简单的方法是配上产品的图片。图片显然要比文字更加直观，更容易被理解，也更加美观。对产品推广来说，图片发挥的作用是文字不可替代的。

3B 原则是世界著名广告大师大卫·奥格威提出的。3B 原则具体指Beauty（美女）原则、Baby（孩童）原则、Beast（动物）原则。经过大量实践，大卫·奥格威发现，最容易吸引人们目光的图片就是这三种。任何人都不会抗拒美的事物，男性都喜欢漂亮的女性，女性也羡慕美丽的女性，美丽的容颜能给人们带来愉悦的心情；孩童的心灵最为纯净，会激起人们的保护欲望；动物有着自然、野性的魅力，也能引起人们的兴趣。

3B 原则一经提出，就获得了很多赞同的声音，并成为国际传媒创意方法中一个很重要的法则。

随着时代的进步，文案创作的水平也有了巨大提高，创作者们在 3B 原则的基础上，做了更多尝试，并发现了很多极受欢迎的图片类型，如多个婴儿或儿童交流、名人明星、进球得分的体育场面等。

◆ **使用图片要遵循的原则**

新媒体文案中使用图片也要遵循几项原则（图 4-6）。

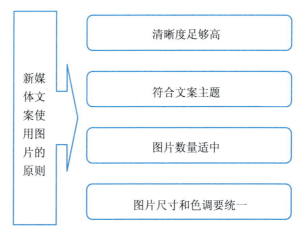

图 4-6

文案中使用的图片必须要足够清晰，避免用加水印和马赛克的图片，这样才能给读者带来好的阅读体验。

如果使用的图片与内容之间毫无关系，那么读者在阅读时就很难有好的体验。需要指出的是，图片是为文案内容服务的，所以能用文字表达清楚的内容就不必搭配图片。

一篇文案中的配图数量既不可太多，也不可太少。太多的配图会造成页面加长、加载速度慢等问题，让读者产生总也看不到底的错觉，容易增加跳出率。相反，太少的配图将无法充分发挥图片的作用。通常，一篇文案的图片可以控制在三到五幅。

在一篇文案中，应该保证图片的尺寸和色调统一，以使文案更有格调。

4.2.2 常见的图片分布方式

◆ 上下分布

上下分布形式就是将整个版面分为上下两个部分，一部分配置文字，另一部分放置图片。这样的分布形式会带给读者安静、沉稳的感觉，但也容易有呆板的印象。因此，选择的图片应该尽量是活泼的、动感的，并且适当增加文字的内容，以实现版面的平衡感。

◆ 左右分布

左右分布形式就是将整个版面分为左右两个部分，其可以给读者带来严肃的感觉。基于读者的阅读习惯，一般将大图片置于页面左侧，小图片或文字置于右侧。此外，要想具有强烈的视觉冲击，可以左右两侧设置为阴暗对比效果。

◆ 倾斜分布

倾斜分布就是将图片倾斜放置，或用倾斜风格放一张完整的图案。显然，倾斜分布的版面往往会给读者带来动感的印象。这类分布形式多见于汽车或家电等较为严谨的产品讲解文案中，其可以获得生动的展示效果，进而使消费者更加注重产品的全貌。

◆ **对称分布**

对称分布的方式可以产生视觉上的呼应和逻辑上相互关联的效果。其将图片或文字置于版面上下、左右两端分别进行稳定对称。

◆ **螺旋分布**

螺旋分布图片，就是将图片从大到小、由内向外有规律地进行排列，最终形成螺旋形状，让读者的视觉轨迹从外向内旋动，最终落到中心点，从而出现一种动感效果。这种分布形式适用于多幅图片的编排，并且中心点通常是文章中最重要的图片。

4.2.3 新媒体图片设计工具——创客贴

这里简单介绍运用创客贴设计新媒体图片的步骤，表 4-1 可以对各步骤及其操作方法进行完美概括。

表 4-1 用创客贴设计图片的步骤及方法

步骤	操作方法
第一步：搜索模板	打开并登录创客贴，进入"模板中心"页面。在左侧选择"新媒体配图"分类，在右侧选择需要的小类，点击"横版配图"超链接，选出相应的模板。
第二步：选择模板	在模板列表中找到并选择所需要的模板。

续表

步骤	操作方法
第三步：进入设计页面	进入设计页面，在"素材"中打开素材库，此时可以插入一些需要的素材。
第四步：插入图片	输入关键词，然后从搜索列表找到并插入所需图片，将其添加至画布中。在画布选择图片，然后单击"设置背景"。
第五步：设置为背景	将图片设置为画布背景。选定背景图片，再单击"滤镜"。
第六步：设置滤镜效果	"滤镜"设置选项出现在左侧，对其"模糊"参数加以调整。
第七步：修改文字内容	双击画布中的文字，将其改为所需的内容。
第八步：上传图片	选择"上传"，单击"上传图片"，当弹出"打开"对话框时选图片，再点"打开"。
第九步：替换图片	将上传的图片拖拽到画布中的图片容器中，然后替换图片。
第十步：剪裁图片	双击图片，调整图片的大小或进行剪裁。
第十一步：设置文字颜色	将文字选中，单击上方选项栏中的"调色板"，然后单击"取色器"。
第十二步：选取颜色	选取图片中的颜色，并进行设置。
第十三步：下载图片	对制作完成的图片进行保存，同时按 Ctrl＋S 键。单击"下载"按钮，当出现"下载设计"时，选择文件类型，然后点击"下载图片"。

指点迷津

图版率要随文案风格进行灵活的调整

所谓图版率，是指广告文案中图片与文字所占比重。如果一篇广告文案中都是图片，没有文字，那么图版率就是100％；如果没有图片，只有文字，那么图版率就为0。

从视觉和心理感受来说，文字与图片带给读者的冲击是不同的。

通常，文字会受众带来抽象、沉稳的感觉，而图片则显得具象、活泼。就视觉冲击力而言，图片要优于文字，而且其视觉度也高于文字。因此，文案创作者可以通过提高图版率，让版面看起来更加活跃，增强版面的视觉度。提高图版率并不意味着将其提高到100％，如果整个版面没有一个文字，也会让其看起来十分空洞，甚至会降低版面的视觉度。

如果一篇文章的图版率为0，那么受众一定会觉得很无聊，因为他们很难一个字一个字地从头读到尾。此时，如果能在版面中加入一些合适的图片，就会让受众感到一丝愉悦。如果一篇文章的图版率能达到50％，那么其就会更具有亲和力，同时，视觉度也会提高。

因此，要想有效地提高版面的视觉度，关键是要对版面的图版率进行合理的安排。

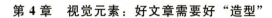

4.3　好的排版增加文章颜值

4.3.1　常见的内容编辑器和图文设计工具

◆ 常见的内容编辑器

目前，发布原创文案的主要新媒体渠道就是微信公众号，而要想将图文素材排版成吸引眼球的公众号文章，就要利用一些内容编辑器。这里介绍五款常用的微信内容编辑器（表 4-2）。

表 4-2　推荐给文案运营者的五款内容编辑器

编辑器名称	编辑器介绍
96 微信编辑器	这是一款很受欢迎的微信公众号文章编辑工具，其主要功能有 10 秒作图、GIF 动图、设计神器、小程序开发、公众号变现等。
135 微信编辑器	这是一款由 135 编辑器官网制作的内容编辑器软件，其有着强大的编辑功能，拥有大量精美模板，而且操作简单便捷。

续表

编辑器名称	编辑器介绍
易点微信编辑器	其操作简单，可以便捷地修改文章，有着较为齐全的编辑功能。
秀米微信编辑器	这款微信编辑器中包含大量模板，操作简单、便捷，深受广大微信运营者的喜爱。
小蚂蚁微信编辑器	这是一款需要在电脑上进行操作的微信内容编辑器，可以提高公众号文章的美观度。其可以供用户轻松地操作图文背景、内容标题、内容样式、内容分割、阅读原文等。

◆ 常见的图文设计工具

截图工具、美图秀秀和 Photoshop 等，是新媒体文案运营者经常用到的图文设计工具。下面一起来了解一下它们是如何使用的吧。

其一，对于截图工具，这里推荐三种比较常用的供大家选择（表 4-3）。

表 4-3　推荐给文案运营者的三种截图工具

截图工具	功能介绍
QQ 截图	这是 QQ 用户最熟悉的截图方式，只需同时按住键盘上的 Ctrl＋Alt＋A 就会出现截图编辑界面，然后选择要截取的区域，点"确定"即完成截图。
360 软件小助手	点开 360 软件小助手的图标，找到截图功能。单击"截图"即可进入界面，然后可以手动截图或智能选区完成截图。
Windows 自带截图工具	位于 F12 键右侧的 Print Screen，是 Windows 自带的截图工具。但是，它仅能用于截取当前的整个电脑屏幕。

其二，美图秀秀是一款修图工具，其操作简单、功能齐全。其有着灵活的编辑图片的方式，而且拥有大量可选的图片素材。很多非专业人士都喜欢用它编辑自己的照片，让自己的形象看起来更漂亮。

其三，Photoshop 是一款专业图片编辑工具，能完成绘图、修图、文字、排版等编辑工作。但是，这款工具对用户的操作技巧有着较高要求，多用于编辑一些复杂的任务。

4.3.2 精美的排版能带来哪些好处

精美的排版可以带来三个方面的好处（图 4-7）。

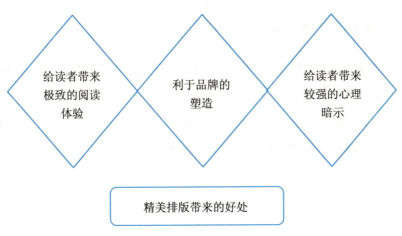

给读者带来极致的阅读体验

利于品牌的塑造

给读者带来较强的心理暗示

精美排版带来的好处

图 4-7

◆ **为品牌塑造好形象**

不论是企业品牌还是个人品牌，发布在新媒体平台上的文章均属于对品牌形象的输出。对于品牌的塑造，除了可以借助文章内容，还可以借助排版样式。

很多市场调查都表明，对于品牌的认识，读者往往会受到排版的视觉的影响。因此，新媒体创作者最好长期采用某种有特色的排版方式与风格，以不断巩固自己的品牌优势。

◆ **给读者带来赏心悦目的阅读体验**

条理清晰的文章离不开精美的排版。精美的排版往往能给读者带来愉快的视觉感受和审美体验。排版时如果能合理运用一些技巧，就能使文章的段落结构层次分明，更有逻辑性，帮助读者快速锁定重点，进而更好地理解文章内容。

◆ **给读者带来较强的心理暗示**

如果发布在新媒体平台上的文章排版不美观，毫无次序，那么就难以使读者产生信任感，其在视觉上感到不适，慢慢也会感到厌恶，很可能会不再关注。好的文案除了要有好的内容，还离不开精美的排版带给读者的正面的心理暗示，从而使其在心理上慢慢认可品牌。

4.3.3　点线法的四种构图方法

点线法具体包含四种构图方法（图4-8）。

◆ **单点构图法——一枝独秀**

在一个版面中仅有一幅图片时就可以运用单点构图法。外行会认为仅有一幅图的版面中，对图片的布局就会很简单，事实并非如此。越少的图片，排版时需要考虑的因素就越多，除了要调整图片的形状和大小，还要预测图片与文字穿插起来能否达到互动的目的。

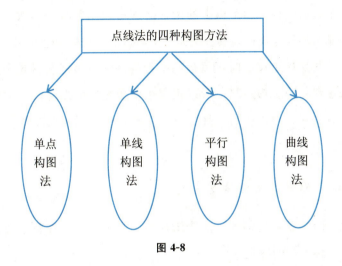

图 4-8

不同形状的图片，需要采用不同的排版形式，如方形图适合缩小，异形图适合放大等，具体要根据前后图片的布局情况来定。

运用单点构图法时，图片的分布没有太多规律，可以居边、居中，还可以偏侧等。

◆ 单线构图法——整齐列队

当一个版面中有两幅或两幅以上的图片时，可以运用单线构图法。运用这种方法时也要考虑单点构图法中的一些要求，但其应用方式会更加灵活。

这种方法的布局有很多形式，如对角、对边、错边、对称、错落、呼应等。对图片进行排版时，可以穿插或交替使用这些形式，其有一个明显的特征与规律，即将图片看成一个点，也可以是两个或三个点，将它们连起来构成一条线。

◆ **平行构图法——距离之美**

当一个版面中包含四个以上的图片时就可以用平行构图法。这种构图法有着明显的特征与规律，其会按照一个明显的平行规律分布图片。

通常，图片都比较小时可以运用平行构图法，多用在目录中。因为此方法多为达到一种装饰效果，所以正文中不多见，但图与图之间相连的线上不能再有图片。当要达到一种整体效果时，也可以将两个版面放在一起进行考虑。

◆ **曲线构图法——活泼灵动**

其他构图主要是局部的，而曲线构图则是整体的。在整个版面中，曲线会制造一种波动的感觉。

4.3.4 如何用135编辑器进行排版

在使用135编辑器排版时，参考如下六个步骤，可以很好地帮到你。

第一步：导入文章。

排版者可以将文章直接导入135编辑器中。单击"导入文章"，将符合要求的文章内容网址链接输入其中，就可以导入文章。

第二步：添加文章背景。

添加文章的背景可以让文章的版式更加美观。在编辑器中点开"背景"。从"背景"对话框中选出所需背景，然后点"确定"。如果想自定义添加背景，可以在"背景设置"中进行自定义背景设置，设置完就可以点"确定"。

第三步：添加超链接。

要想为文字或图片添加超链接，可以选中要添加链接的对象，然后点工具栏中的"超链接"。当出现"超链接"对话框时，将链接地址输入"链接地址"文本框中，然后点"确定"。

第四步：生成短链接。

在 135 编辑器中还可以通过"生成短链接"功能将网址转为二维码。只要是合法的网址均能通过此功能生成一个网址二维码。单击左侧菜单栏中的"运营工具"超链接，然后在样式展示区里点"生成短链接"。当出现"生成短链接"对话框时，就要将有效的网址输入"输入网址"文本框中，然后点"生成短链接"。

第五步：修饰与美化图片。

在 135 编辑器中可以修饰和美化文章的图片，如设置图片形状、对齐方式，剪裁，添加水印、相框等。例如，选择图片，单击浮动工具栏中的"图片边框阴影"，当出现"图片边框阴影"对话框时，选择所需类型，然后点"应用到当前图片"。如果将边框效果应用到所有图片上，那么要点"应用到全文所有图片"。

第六步：留白。

留白主要有三种情况（表 4-4），好的留白能引人遐想、提升艺术性。

表 4-4　三种留白

三种留白	实现方式
段落上下留白	其一，在段落前后各加一个空行。 其二，设置合适的段前距和段后距。

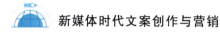

续表

三种留白	实现方式
左右留白	其一，在样式搜索中输入"留白"，搜索留白样式，然后选择要用的样式。 其二，单击上方工具栏中"两侧边距"下拉按钮，从中选择合适的边距。 其三，单击上方工具栏中"后面插入段落"按钮，当出现红色文本框并弹出段落设置对话框时，输入文字，然后单击"调整宽度比例"设置段落左右留白。
图片留白	其一，图片本身留白，通常在构图和色彩方面设置留白。 其二，选择有留白效果的图片或图文样式。

 随机提问

1. 好看的文案内容布局能让文章阅读起来耳目一新，你比较喜欢哪一种文章布局形式呢？为什么？

2. 创作文案时，选择和使用图片要遵循哪些原则？

3. 常用的编辑工具有哪些？常用的图文设计工具有哪些？

4. 精美的排版可以带来哪些好处？

5. 想一想，说一说，有没有曾经给你带来极大视觉冲击的好文案？它的布局、配图及排版有哪些特色？

第 **5** 章
构思行文：打造下一个爆款

　　自古以来，好文章的行文结构都遵循"凤头、猪肚、豹尾"六字法。"凤头"指的是开头要精巧精彩、引人注目，"猪肚"指的是文章主体要内容充实、言之有物，"豹尾"则指文章收尾刚劲有力、发人深省。

　　时至今日，人们的阅读习惯随着科技的发展悄然发生了改变，企业的营销重心也逐渐由传统纸媒转移到新媒体平台。然而，千举万变，其道一也。要写好新媒体时代的文案，本质上依然离不开"凤头、猪肚、豹尾"这六字法则。

5.1 好的开头是成功的一半

清代文学家李渔有云："开卷之初，当以奇句夺目，使之一见而惊，不敢弃去。"

在信息纷繁复杂的新媒体时代背景下，人们的注意力变得尤为稀缺，标题和头图作为新媒体文案的"凤头"部分，其"惊艳程度"决定了人们是否会在滑屏浏览信息时为你的文案驻足。

一旦用户被激发兴趣而点击阅览文章内容，那么距离"文字变现"就更近一步。

5.1.1 起好标题，引人一探究竟

好的标题对于文章而言，就好似大观园里的轩窗，"犹抱琵琶半遮面"地递出柳翠花红、枝枝蔓蔓，让人不禁想进入园内一探究竟。那么什么样的标题才称得上"好"标题呢？通过对近百篇点击量 10W＋的微信爆款文章的分析，我们发现，打造爆款标题有 5 种常用方法（图 5-1）。

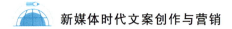

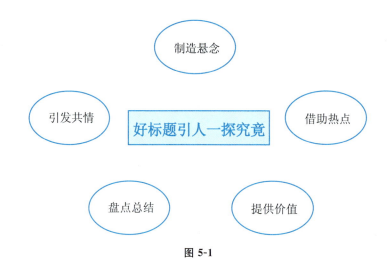

图 5-1

◆ **制造悬念**

制造悬念是指通过在标题中设立悬念引起读者的好奇心，激发其对文案内容的阅读兴趣。

例如，最常见的"如何体"标题，将制作悬念的手法可谓是"玩到极致"。

在标题中设立疑点，让你忍不住想点进文中寻找问题的答案，比如《饭局中，有这 2 个特点的人，往往是人中龙凤》等。

◆ **引发共情**

共情指的是能够设身处地体会到他人感受、给人以被接纳、被理解等感受的能力，也叫同理心，是人际交往中应具备的重要能力之一。

数字化时代，新媒体文案便成了品牌与用户建立共情的有效媒介。很多爆款标题之所以抓人眼球并非因为多么猎奇，而是因为它触动了读者的内心。比如，《没有父亲的父亲节！（看哭了……）》《谁都不傻，只是不说而已》《此生入华夏，无悔中国人》等，这些极富同理心的标题直戳读者心扉，甚至有一些人转发文章只是为了让好友看到这个标题——"看，这就是我此刻的心情"。

◆ **借助热点**

"蹭热点"可以说是新媒体文案创作的必修课，借助热点使产品一夜爆红的案例数不胜数。"热点"既包含焦点事件、节日热点，也包括明星、网红等热点人物，利用热点命名标题，可以引发读者的好奇心理，从而为品牌引来可观流量。

例如，有一篇微信公众号文章《×××"走下坡路"：没有一份工作，值得你以命去拼》一文，单看后半段标题，其实平淡无奇，但因其前半段标题借助了热点人物×××的名气，再加上后半段与大众认知相悖的现象，从而使得标题脱颖而出，吸引了 10W＋读者一探究竟。

◆ **盘点总结**

盘点总结型标题，能让读者了解到这篇文章浓缩了大量知识与信息的精华，为其利用碎片时间学习提升提供了极大的便利，因而十分受欢迎。

盘点类标题中往往包含数字信息，比如"8 条经验""5 大法则"等，给读者留下了精准、专业的第一印象。这里为大家分享一篇来自微信公众号"科学家庭育儿"的 10W＋文章案例：《娃发烧 38℃未发现？发烧分 4 个等级！这 2 个等级立即就医！》，这一标题首先以"娃发烧 38℃未发现"戳中新手爸妈的痛点，让宝爸宝妈们心头一紧，紧接着抛出作者已总结出的应对办法信息——"发烧分 4 个等级！这 2 个等级立即就医！"，让读者不禁产生去探寻答案的迫切心理。

◆ *提供价值*

总结而言，好的标题要解决的都是"我为什么要看这篇文章？""看这篇文章我能获得什么？"这样的问题，也就是要给读者提供价值。

前面我们所讲的盘点总结、引发共情等都属于为读者提供隐性价值；而为读者提供显性价值，则是通过限时优惠、限量发售等方式为读者提供直接的价值优势。我们在命名标题的时候，可以用混搭命名法则的方式增强标题吸引力，热点＋价值的标题方式，显然会比平铺直叙的标题更为诱人。

各抒己见

什么样的标题比较容易吸引你？你觉得吸引人的标题应该具有什么特点？

如果你要帮助朋友给他新从国外进口的高端品牌护肤品写一个推广文案，这款护肤品的价格比专柜价低了 40％，那么这篇文案你会起一个怎样的标题？

5.1.2　头图要有高级感

如果说标题是文章这座"大观园"的"轩窗"，那么头图便是它的"大门"，是气势恢宏？还是小家碧玉？通过"这扇门"，读者便可形成对文章

整体的初步印象。因此，头图不单要清晰、美观，还要注意构造品牌的独特风格，以加强品牌辨识度。

　　以微信公众号"黛西巫巫"为例，"黛西巫巫"的头图一以贯之地使用统一风格的插画，在配色运用上也十分具有艺术感，每每加上"黛西原创"的标识，不但加强了品牌辨识度，而且读者在浏览历史图文时，观感也会非常舒适（图 5-2 为微信公众号"黛西巫巫"的头图展示示意图），其风格鲜明、美观、易于辨识，让你眼前一亮。

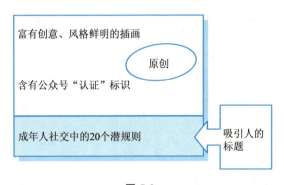

图 5-2

 指点迷津

微信公众号的封面图怎么做？

　　微信公众号有两种制作方式。

　　一种是使用"稿定设计""创可贴"等图片设计类网站的头图模板在线作图，这种模式的优点是省心省力，通常成图效果较为美观，缺点是多数需要付费，且局限性较大。

另一种方式是自己使用 PS、AI 等设计软件制作头图，其优点是零成本、发挥空间大，缺点是对设计人员的审美要求比较高。

这里需要注意的是，头条封面图尺寸为 900×383 像素，但公众号文章发布后，未关注公众号的用户所看到的图标效果与次条一样，是正方形小图标。因此，为了使封面图的利用效果最大化，封面图的重点信息应体现在 1∶1 大小的范围之内。

5.2　把故事讲好才能直击读者心灵

喜欢故事，是人类的天性。人们喜欢在故事中探索、体悟其中所蕴含的道理，抗拒被教导、灌输理念，这也是四大名著等故事类经典著作，至今仍被世人津津乐道的原因之一。

品牌营销更是如此，生硬的广告不但难以刺激用户产生消费欲望，反而会使用户形成对品牌的负面印象。例如，一些网页有弹屏广告出现时，用户大多会很不耐烦地当即关掉，有些用户甚至会直接投诉或举报。

而以讲述故事的方式来做品牌营销，不但能吸引用户的注意力，更能促使用户建立对品牌的好感与信赖。比如"人生总有起落，精神终可传承"的褚橙，再比如"青春小酒"江小白的表达瓶，都是以讲述故事的方式，打破了品牌与消费者之间的隔阂，拉近了与消费者之间的距离。

那么，品牌故事怎么讲才能讲好呢？以下几点或许能对你有所启发。

5.2.1　好的故事有灵魂

好的故事是有灵魂的，好的品牌故事则能凸显品牌的核心价值观。比如褚橙的故事，以褚时健无论何时都永不放弃、年逾古稀再创巅峰的传奇人生，凸显出"励志"的核心价值观；农夫山泉以一系列纪实短片还原了"从大自然中搬运好水"的过程，让人们亲眼看到了农夫山泉的用心与"天然"。

品牌的故事、文案都需要依托核心价值观而生发，是一个从无到有、一生二、二生三、三生万物的过程。

讲好品牌故事，首先要做的是先摸清品牌的核心价值观，再围绕价值观提纲挈领，去设计构造故事的主线。

5.2.2　好的故事"与你有关"

或许有人会说，我们都是平凡大众，哪有那么多品牌故事会与我们有关呢？这样想，你可就大错特错了。

我们来看以下几个例子。

周星驰的电影至今我们仍然百看不厌，不仅仅是因为星爷演技高超，更是因为在那一个个小人物的成长故事中，我们看到了自己曾经的身影。

某短视频创作网红曾说，自己的视频之所以能被大家喜欢，是因为它就像观众们的朋友圈一样，吐槽的是发生在每个人身边的事。

网红主播们通过亲身试妆、分享试妆的真实感受，让观众亲眼看到、"感受到"最能贴合自己需求的彩妆，无形之中被"种草"，被安利的彩妆因而被卖到断货。

……

细心的你，此刻一定能够发现：深受欢迎的故事，都有一个共同的特点——故事中总会有与你类似的点，哪怕是一个很细小的、微不足道的点，也能引起你的共鸣，这就是"与你有关"。

梳子再精美，也不会被列入到和尚的"必 BUY 清单"；故事再精彩，也要讲给有关的人才有用。

好的产品或品牌文案总是会为你考虑周全，包括你在想什么？你有怎样的心结？我的产品能够怎样帮你解决这些问题？我们如何保证你的权益？你能从中收获什么？……好的故事，总是与你息息相关。

5.2.3　好的故事深入人心

越是高明的文案，越能煽动你的情绪，引起你的共鸣。比如江小白的故事型文案"想见你的人，二十四小时都有空""不小心说出的酒话，是藏在心里许久的真话""总觉得没喝够，其实是没聊透"，每一句都戳中人的内心，让人不禁感慨"这不就是我一直想对他/她说的心里话吗？"

媒文共赏

京东白条广告文案赏析

2017年京东白条有一则非常走心的广告。

广告的开头，倾吐了当代年轻人在窘迫处境下渴望发生改变的心声："忍得了加班到深夜，但忍不了深夜回家却不敢叫加价车""已经在忍合租的公共厕所，别再让我忍马桶上的茶色斑点""你忍着默默无闻、忍着无所适从、忍着睡眠不足……但，最不能忍的，就是把最好的年纪，就这么忍过去"，以"我懂你"的姿态，唤醒年轻人的痛点。

广告的最后，以"白条，愿所有忍耐前行的年轻人，不再错过生活"温情收尾，打出"为不能忍的你"的Slogan。

这则广告虽然在讲超前消费的观念，但却给人留下真诚、贴心的深刻印象，从而赢得了年轻人的信任。

5.2.4　好的故事悬念迭起

变则通，不变则怠。在好莱坞、迪士尼的电影剧本中，设置悬念是最常见、最核心的手段，设置悬念使故事层次更为丰富，在整个故事过程中始终保持悬念，则会对读者持续产生吸引力。比如一些理财产品的品牌故事，往往首先会塑造一个生活精致的主人公，让读者心生向往，再指出主人公竟也曾深陷落魄潦倒的境地，引发读者的好奇心，接下来再娓娓道来主人公如何靠理财走上了逆袭之路，顺势推荐理财产品。

相比直接用枯燥的概念介绍理财产品，讲故事的方式会更容易让读者理解并接受，一波三折的故事情节也更能吸引读者注意力。

5.2.5 好的故事语言流畅

篇幅冗长、逻辑混乱的语言就好像老太太的裹脚布——又臭又长，会掩盖故事本身的光彩，让人没有耐心看下去。若要读者能够用心品味你的品牌故事，需要做到如图 5-3 所示的几个要点。

> 文字简洁连贯、易读易懂，不一味追求堆砌华丽的辞藻

> 文字表述清晰明了，文章逻辑条理清晰、层次分明

> 文字避免枯燥，可"分部呈现"，拆分故事

图 5-3

5.3　学会使用新媒体文字

新媒体与传统媒体的传播方式存在着较大差异，传统媒体的传播渠道主要依赖于报纸、图书、杂志、广播、电视等，而新媒体则是依托数字压缩和无线网络技术，以电脑、手机、智能电视等为终端，为用户提供内容信息和服务。新媒体具有个性化、受众面广、形式多样、实时发布、交互性强等特点，集文字、图片、视频、音频于一体，为用户随时随地获取信息提供了极大便利。

内容要为载体服务，当载体发生变化，其内容的表述方式也会相应发生变化。

传统媒体文学色彩比较浓厚，情感表达较为隐晦，文字内容经过作者精雕细琢，越品越有味。

新媒体更为注重揣摩用户心理，推崇简洁直白的文字风格，常使用流行语，适合碎片化阅读。

5.3.1 亲近、简洁明快的微信文字

微信本质上是一个以交流为目的的社交软件，其推广渠道主要依赖于社交圈及口碑宣传，因此，微信的行文风格具有通俗易读、简洁明快、情感真切的特点。

当文章篇幅过长时，为了便于读者快速理解，通常需要把长句子凝练或拆分为短句；遇到晦涩的专业词语，则可以通过打比方的方式让读者产生更为形象的认知。比如微信公众号"差评"的《幸亏有除湿盒，我的 AJ 才没有在南方的雨季里长霉斑》一文，首先用一句"这个除湿器的除湿效果有多狠辣，十几分钟它就能把一张湿报纸吸到能点燃"来生动地总结除湿效果，再用专业术语补充介绍除湿原理，既让读者看到了除湿效果，又让读者对产品的专业性产生了信服。

5.3.2 短小、出精品的微博文字

微博是用户基数庞大的即时性社交互动平台，据微博 2020 年第一季度财报数据显示，微博月活跃用户达 5.5 亿，其中，25 岁以下的年轻用户占比最高。

对于许多年轻用户群体来说，教科书般的书面语言很难吸引他们的兴趣，因此，微博使用的文字通常具有短小精悍、通俗易懂的特点，其语言鲜活、富有个性，常以关联热点话题、使用网络流行语的方式吸引用户兴趣、引发互动。

"必胜客中国"的微博文案（图 5-4）非常能抓住年轻人的心，其中

有一篇文案巧妙使用年轻人喜欢的"斗图"游戏，将新推出的热干面卖点与时下网络流行语"好嗨哟""盘它""我飘了"等关联起来，既有趣又有料，赚足了人气，非常值得文案创作者学习。

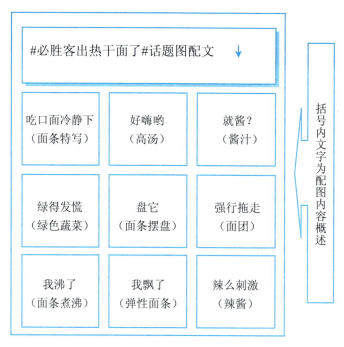

图 5-4

5.3.3 多元、接地气的抖音文字

抖音作为一款社交娱乐类视频软件，玩法新潮，深受年轻人喜爱，其文字通俗易懂、简短精辟，常会用到一些搞笑的"梗"来增强人气。常见的抖音梗有"柠檬树上柠檬果，柠檬树下你和我"——形容自己羡慕嫉妒、心里酸溜溜的感觉；"盘他"——在发生争执的时候是"怼他"

的意思，在遇到喜爱的人或事物时则是"撩 TA"的意思；"自鸽选手"——狠起来连自己鸽子都放的人，用来调侃不守信用；"终究还是一个人扛下了所有"指一个人独自面对困难；"真香"用来吐槽反差巨大的承诺与结果等。

5.3.4　令人心动的电商文字

不同类型的电商平台，用户需求不同，因而其行文风格也应有所不同。

◆ 综合电商

淘宝、京东、唯品会、聚美优品、拼多多等综合电商平台，对于用户而言如同超大型网上超市，各种商品应有尽有、琳琅满目，为了快速吸引用户注意力、从众多竞品中脱颖而出，商品文案要力求精练、爆点突出。其中，常用词包括"热卖""同款""推荐""限量""特惠""立减""礼包"等。

很多电商，都会选择突出"为消费者省钱""让消费者占便宜"的文案宣传。如在封面图重点突出"百万好礼送不停"的活动文字，标题罗列的是用户搜索概率高的、与本商品相关的属性词，详情页面的文字简练而富有温情，配合吸引人的图片，让人欲罢不能。

◆ 外卖电商

外卖电商主要以美团外卖、饿了么为代表，常用词包括"优质食材""健康生活""急速送达"等，突出外卖的营养健康及配送速度；

店家的菜单分类多以四字组合为主，常见的有"必吃榜单""特惠套餐""畅销热菜""特色小吃"等。

店铺推荐语也可以写得个性而亲切，比如"饿了么星选"的店铺推荐语——"超多人点赞的……菜""一定会吃无穷次""好吃到忍不住表扬一下""大写的好吃""吃得最过瘾的××鱼""优质商户中的战斗机，了解下"等，语气就像朋友在激动地举着叉子向你推荐美食，让你一下子就会被吸引。总之，这些文字能产生和美食一样的效果，让你阅读之后能有食欲、有愉悦感、有想尝试的冲动（图5-5）。

图 5-5

◆ 生鲜电商

生鲜电商主要以蔬东坡、一号生鲜、本来生活、每日优鲜为代表。在电商平台，用户无法亲自挑选、鉴别生鲜品质，仅能依靠图文介绍去想象细节，因此生鲜类电商的文案需要抓住生鲜核心特点，文字生动、简短且易于理解（图5-6）。在这方面，每日优鲜就做得很好，比如它介绍鸡大胸的文案"瘦而不柴，常锻炼果然有效果"，简简单单一句话，字字切中要点，既幽默，又不落俗套地突出了鲜美的肉质，让人忍不住下单。

图 5-6

◆ **内容电商**

在以小红书、什么值得买、淘宝社区为代表的内容电商平台，用户多数以探寻好货、解决问题为目的，用户希望看到的是买家的真实体验，而不是商家的自吹自擂。因此，内容电商的文字要力求朴素、言之有物，以亲切的语言分享时尚穿搭、美容护肤、健身运动、居家妙招等方面的心得或知识，并巧妙地将产品软植于话题之中，让消费者不知不觉间被"种草"，进而产生消费动力。

5.4　内容关键词的巧妙布局

自从新媒体出现以来，人们获取信息的方式逐渐由主动变为了被动。一些细心的用户会发现，自己搜索过的关键词会被一些 APP、电商或社交平台记录，并会在后期推送相关产品的广告给自己，这其实就是商家通过 SEO 优化、大数据技术来实现的精准营销手段。如果新媒体不懂得利用 SEO 规则来优化关键词，那么刚发布的新媒体文章很快就会淹没在信息的海洋，很难被用户发现。

5.4.1　关键词的选定

精准设定关键词，有利于快速匹配文案的目标群体，促使读者产生消费行为。在选择关键词时，一方面要从用户思维、用户习惯出发，通过调研、咨询等方式探索用户会以什么关键词搜索产品？对于目标产品，都有哪些问题？在此基础上设置关键词；另一方面要结合热点设置关键词，比如"世界杯""高考"等，将品牌内容与热点有效结合起来，实现品牌的软文营销。

图 5-7 为以"摆摊吧"为关键词的部分文章摘录示意。2020 年"两会"重提"地摊经济"后，各行各业都抓住了"摆摊"这一关键词，以调侃的方式做了回品牌营销，还有人将热度未退的《后浪》与"摆摊"组合起来，颇具趣味，更为吸睛。

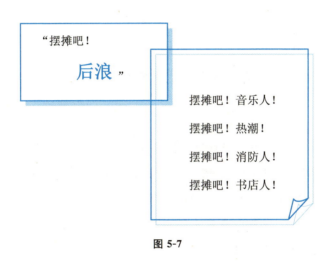

图 5-7

5.4.2　关键词的布局

首先，关键词应体现于标题中，并且在标题中的位置越靠前效果越好。

其次，关键词在文章的第一段、中间段及结尾段落，也应多次体现，一方面可以加深读者印象，另一方面可以增加被爬虫抓取的概率。从关键词在正文中的位置效果来看，从左到右、从上到下，其效果依次呈递减态势；从关键词在正文中的密度来看，在保障文章内容流畅通顺的基础上，关键词以 3%～7% 的密度出现效果最好（关键词密度＝关键词所占字符×关键词出现次数/页面总字符×100%）。举例来说，500 字的短文关键词出现 4～6 次、800 字中文关键词出现 5～8 次即可，以此类推。

5.5　好的收尾有助于吸粉

早在 2002 年，诺贝尔经济学奖获得者丹尼尔·卡尼曼曾提出"峰终定律"，指出人们对于一件事物或一个产品的体验记忆，取决于"峰值"与"终值"两个核心因素（终值是指体验结束时的印象值）。这一定律被普遍应用于市场营销活动，品牌电商通过加强售后阶段的用户体验来促进客户回购。

同样，"峰终定律"也适用于新媒体文案的写作，编筐编篓重在收口，在通过引人入胜的正文内容奠定好基础后，更要以精彩的收尾进一步拉近品牌与读者的距离。

5.5.1　首尾呼应

首尾呼应是文章极为常见的收束方法，结尾与开头遥相呼应，通过进一步点题，使全文贯通一气、浑然一体，再次加深了读者对文章论点的印象。比如公众号"洞见"的《心灵的品级》一文，文章在开头指出"心灵也是有品级的"，接下来在正文中做出分类介绍，最后在文章的结尾，作者再次点题总结心灵的品级对人生高度和生命质量的影响，并表达了对读者的真挚祝愿。

《心灵的品级》阅读量 10W＋，获赞 1W，"在看"2.2W，近百名读者在评论区意犹未尽地品味文章的论点，并对因此受到启发表示感谢。图 5-8 为微信公众号文章《心灵的品级》第一段正文及文章结尾内容摘取，此文堪称首尾呼应式结尾的典范。

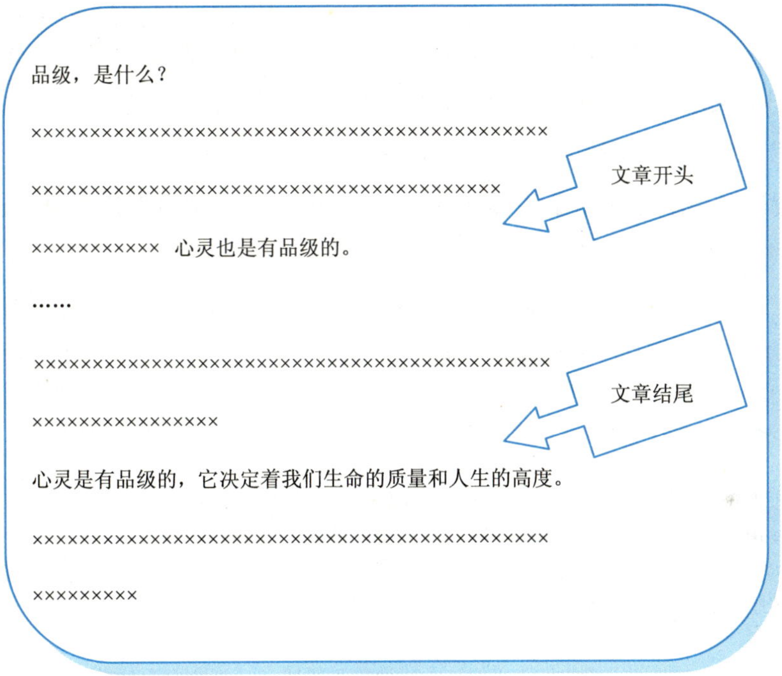

品级，是什么？

××××××××××××××××××××××××××××××××

××××××××××××××××××××××××××××××××   文章开头

××××××××××× 心灵也是有品级的。

......

××××××××××××××××××××××××××××××××   文章结尾

××××××××××××××××××

心灵是有品级的，它决定着我们生命的质量和人生的高度。

××××××××××××××××××××××××××××××××

×××××××××

图 5-8

5.5.2　盘点总结

盘点总结式收尾，是指用精练的语言对全文进行要点回顾，以便读者清晰了解文章全貌，有利于读者加深对文章要点的印象；或对全文进行总

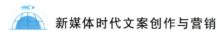

结点评，针对文中问题提出解决办法或号召倡议。这种收尾难度较高，但更具有感染力，容易引发读者的共鸣。

5.5.3 引人深思

留白是艺术作品的常用手法，意在留给观众更多的想象空间，从而使艺术作品更有境界、更具内涵。文章中的"留白"，则要做到"言有尽而意无穷"，即在文章结尾处以富有启迪性的话语引人遐思。

留白的结尾一般不会告诉读者应该怎么做，而是会启发读者深入思考，主动去探寻问题的答案或意义。

图 5-9 为引人深思法结尾范例，来自于微信公众号"夜听"的一篇标题为《从前的日子，一生只够爱一人》的 10W＋文章，是否能带给你启迪？

> 有人说，现代人的爱情，聊几句就互生好感，相处几天就决定在一起，等到发现对方跟自己想象中不太一样时，就想着逃跑，换下一个。
>
> 其实他们想要的根本不是爱情，而是新鲜感。　　　　引人深思
>
> 爱情，是在普普通通的日子里，一次次地归于平淡，又一次次地重新爱上彼此。
>
> 有时候我会羡慕从前的日子，一生只够爱一人。　　　令人憧憬
>
> 而纷纷扰扰的现在，你还愿意穷尽一生的时间，只对一个人好吗？

图 5-9

5.5.4　祝福抒情

文章中的真情流露会激起读者内心的波澜，文章结尾处的进一步抒情或祝福，就像舞台剧的圆满谢幕，让读者在意犹未尽之中得到告慰。

图 5-10 为祝福抒情法结尾案例，来自微信公众号"十点读书"的一篇标题为《〈红楼梦〉：被原生家庭伤害的姑娘，应该如何翻身？》的 10W＋文章，语言虽然简洁朴实，却戳中了读者的内心，引发了共鸣。

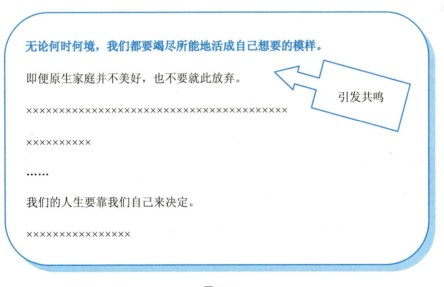

无论何时何境，我们都要竭尽所能地活成自己想要的模样。

即便原生家庭并不美好，也不要就此放弃。

××××××××××××××××××××××××××××××××

××××××××××

……

我们的人生要靠我们自己来决定。

××××××××××××××××

引发共鸣

图 5-10

祝福抒情方式的结尾并不需要多么华丽的辞藻，只要能够传递出真挚的情感，让读者能够感同身受，便能打开读者的心扉，与读者建立起情感共鸣。

随机提问

1. 你觉得什么样的文案标题最具有吸引力，能一眼就抓住读者的眼球？

2. 写好故事的核心是什么？

3. 什么样的故事能引发读者共鸣？

4. 试想一下，如何结合最近的热点话题设置关键词？在关键词设置中有哪些技巧？又有哪些"坑"？

第 **6** 章
电商文案创作

　　电商是电子商务的简称，与新媒体联系紧密，该行业内有一句戏言："一个不会写文案的媒体不是一个好电商"。新媒体宣传是电商吸引流量、争夺流量、实现流量变现的重要途径。

　　电商行业竞争激烈，优秀的文案是商战中的一把利剑，能击败对手，争取更多的客户，也能增加已有客户的忠诚度。那么，电商文案如何出奇制胜、吸引消费者的眼球呢？既要牢牢把握文案创作要点，还要懂得分析消费者的心理，更要结合不同消费场景打造文案，才能精准挑起消费者的购物欲望。

6.1　海报文案

6.1.1　初见文案："不识庐山真面目，只缘身在此山中"

如果你有网购经历，那么你一定看过产品文案。

很多时候，消费者购物都是非理性的，一个优秀的电商产品文案能牢牢抓住你的眼球，让你看得津津有味，某些文字、图片会触动你，让你下定决心加购、提交订单、付款（图 6-1）。

电商产品文案何来如此魔力呢？究竟什么是产品文案？它和传统媒体文案又有什么不同？

电商产品文案，服务于电商产品宣传、产品促销。

有很多人认为，产品文案，就是介绍产品的相关文字，这种理解多是指狭义的产品文案。

图 6-1

当前，电商竞争激烈，消费者几秒钟可以浏览几十种产品，根本没有时间去仔细看文字，这时如果出现一个有趣的图，会很容易吸引消费者眼球。因此，图也是产品文案的重要组成部分，广义的产品文案应是图文并茂的（图 6-2）。

图 6-2

从内容组成来看，电商广告文案是文字与图的结合，文字和图都能给消费者以视觉冲击，二者缺一不可。

各抒己见

在你网购时，什么样的产品文案最能吸引你，让你有下单的冲动呢？是优惠力度大？还是卖家创业故事感人？或是文字发人深省吸引到你？或是产品创意深得你心？

你是有计划性购物的理智型消费者？还是看到有趣的产品文案就下单体验产品的随意派买家？

买家下单购物的理由可能五花八门，不管哪一种，好的产品文案一定可以在买家下单过程中起到助推作用（图 6-3），刺激买家消费。

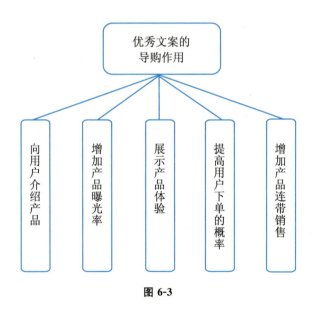

图 6-3

好的电商产品文案，是电商的营销利器，能有效提升产品的浏览量和转化率，简单来说，就是提高消费者的下单数量。

电商花费心思写产品文案，仅仅是为了提高某一个产品的下单率吗？当然不是。

好的电商产品文案能够在吸引消费者浏览店铺和产品的同时，有效宣传店铺、品牌理念。因此，对于卖家来说，即便不卖货，也是必须要写好产品文案的（图6-4）。

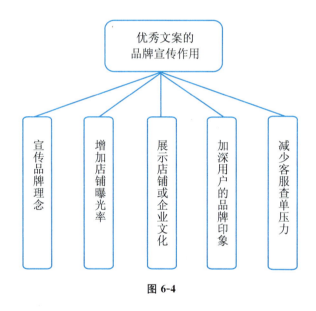

图 6-4

既然产品文案这么重要，怎样才能写好产品文案呢？文字表达的重点应该放在哪里？图文应该怎么搭配？接下来详细介绍。

6.1.2　直击痛点，拒绝弯弯绕绕

作为电商经营者，必须始终要明确的一点是：消费者关注到我们，进入店铺或公众号中，一定是有所需求，我们要做的就是让消费者在店铺中多浏览一会儿，引导消费者下单。

指点迷津

俗话说"物以稀为贵"，电商营销更是深谙此道，特别钟爱"饥饿营销"，如推出"前600件半价""限时特惠""限时抢购"等营销活动来吸引消费者，这些词语是电商非常爱用的广告宣传文字，因为这些文字能深深击中消费者"占便宜"的心理，给人一种"买到就是赚到""不买就亏了"的感觉。

店铺产品文案的创作也应如此，我们要做的就是给消费者一个购买的理由，告诉消费者：买它就对了。

◆ **高性价比产品会让消费者心动**

消费者购物，大多考虑的是：省钱才是硬道理。卖家如果希望产品大卖，就一定要站在买家的角度去思考产品特点和构思文案，让消费者觉得购买这款产品物超所值。

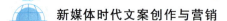

比如，电器产品可以从省电、待机时间长、使用感受好等角度入手。"充电五分钟、通话两小时"的手机，"一晚只用一度电""节能"的空调无疑是会让买家心动的"点"（图6-5）。

节能省电

静音设计　远程遥控

| 顺丰包邮 | 两年换新 | 全国联保 |

图 6-5

◆ **陈述事实，适当夸大事实**

电商售卖一些功能性产品时，应在产品文案中详细展示产品的具体功能，说明产品能给消费者带来的实实在在的帮助。

以一家电商售卖的洗手液产品为例。

在洗手液产品文案中，应详细说明产品的除菌效果，还可以说明每天手部会接触到的细菌数量，可以适当描述细菌数量，细菌数量越惊人，越能促进消费者购买洗手液。

另外，还可以在产品文案中给消费者介绍一些实用的小知识、小窍门，这样做是非常有用的。

在洗手液的产品文案中，可以教给消费者如何正确洗手。这些实用小知识、小窍门，会增加消费者对产品和店铺的好感（图6-6）。

芦荟精华　　温和配方
免洗速干　　有效抑菌

七步洗手法

1. 掌心相对，手指并拢互搓。

2. 手心对手背沿指缝互搓。

3. 掌心相对，双手交叉指缝互搓。

4. 双手指相扣，互搓。

5. 一只手搓另一只手大拇指。

6. 五指并指尖在另一手心揉搓。

7. 螺旋擦洗手腕，双手交替进行。

图 6-6

需要特别提醒大家的是，可"适当夸大事实"但一定要基于事实，不能过分夸大，更不能无中生有、危言耸听、欺骗消费者。

◆ **用真实数据说话**

电商产品文案撰写，应学会用数据说话。

对于消费者来说，有据可循的数据更能让消费者信服，因此在产品文案中，不妨将调查数据、产品检测数据、买家评论数据、店铺其他相关数据等，直接贴出来展示给消费者，图 6-7 是某电商在防晒衣产品介绍中晒出的防晒检测报告，数据专业，令人信服。

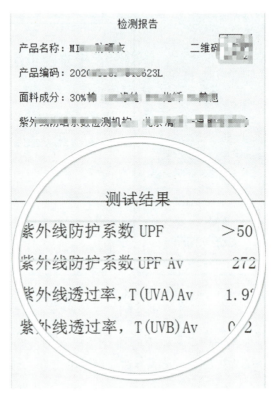

图 6-7

数据的展示会让产品文案显得更加专业、权威，消费者购买产品时会更加放心、没有顾虑。

6.1.3　巧放链接，方便用户下单

电商的产品推销应该方便消费者下单，试想，商品文案图文并茂，非常吸引人，消费者也十分想购买，但整个店铺页面找不到对应产品的链接，

或者链接出错，那真是太尴尬了。

在产品文案中，电商卖家最好在图文中附上购买链接，这样能够有效增加相关产品的点击量与浏览量，也能有效提高产品在平台中被搜索引擎收录的概率和排名。

链接的插入内容和方式是多样化的。

链接内容可以是具体产品链接，也可以是子店铺链接。

链接插入位置和方式，可以在产品文案中结合具体图文，灵活处理（图 6-8）。

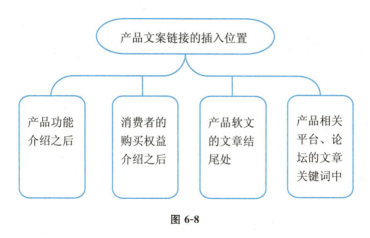

图 6-8

6.2 节假日文案

6.2.1 节假日文案，突出节庆气氛

节假日促销是电商最常见的促销方式，不同的节假日会有不同的主题，不同的电商可以有针对性地结合自己的商品参加各种节日促销活动。

节假日产品促销文案，应注重突出节日气氛，这有助于为消费者提供一个生动形象的消费场景，增强消费者购买意愿。

例如，端午节、中秋节的粽子和月饼会大卖，食品电商们跃跃欲试，尤其是生产和销售粽子、月饼的电商这时可以大展身手，将专属于端午节和中秋节的粽子、月饼推销出去。

当然，不仅是粽子和月饼，节日饮食习俗也会带动其他食品的销售。例如，咸鸭蛋会搭配粽子在端午节捆绑销售，大闸蟹会搭配月饼一起销售。

端午节不仅可以促进粽子的销量猛增，龙舟及其用具、节庆饰品、玩具等都会有一个很好的销售窗口得以释放库存。

就食品来说，电商的食品文案的文字要烘托节日气氛，配图要秀色可餐，能引起消费者的食欲，进而刺激消费者的购买欲望（图6-9）。

图 6-9

6.2.2　节假日文案，关注过节的人

电商的所有产品均面向消费者，了解消费者，读懂消费者的心理才能够更有针对性地去撰写文案。

在电商产品推广中，选购商品的是消费者，付款的也是消费者，将文案落实到"人"——消费者身上，无疑是正确的选择（图6-10）。

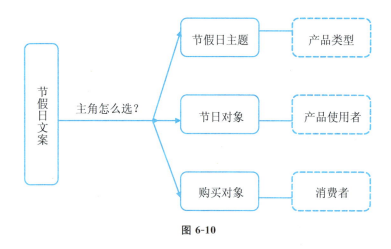

图 6-10

以母亲节和父亲节为例。

母亲节和父亲节的节日对象为爸爸妈妈，哪一类商品会大卖？当然是适用于父母的产品，比如中老年服饰、食品、保健品等。

那么，我们的文案是不是以爸爸妈妈为目标人群呢？换句话说，我们的文案是主要写给爸爸妈妈们看的吗？显然不是，在母亲节和父亲节网购的人，通常都是为人子女者，这样我们的节假日产品文案的阅读对象就会变得很明确，我们是写给"子女"看的，通过产品的推销，传递的主题是

"孝敬""爱",明确了这一点,节假日文案的创作思路就会瞬间变得清晰(图 6-11、图 6-12)。

图 6-11

图 6-12

图 6-11 和图 6-12 的文案都采取了图文结合方式，虽然都是插画风格，但二者还是有很大差别的，在图 6-11 中，配图更温情，并以鲜花搭配，再调成粉色调，会触动消费者最柔软的心，从而促进下单；图 6-12 很明显以男士为主体，剪影和西装、领结的配图阐明了文案的表达对象，有助于勾起消费者对"父爱如山"的思考，从给出强烈的视觉冲击，再到文字阐述，一步步引导消费者下单购物。

6.2.3　新兴节日文案要有"新意"和"心意"

随着电商促销活动开展的日益丰富，很多新兴节日被电商们"发明"出来，成为电商和消费者的共同"狂欢日"（表 6-1）。

表 6-1　新兴购物节日

日 期	节 日
3 月 8 日	女神节、女王节、蝴蝶节
5 月 20 日	表白日
6 月 18 日	年中大促、年中狂欢节
11 月 11 日	双十一购物狂欢节
1 月底	年货节

新兴节日之所以受到电商们的欢迎，是因为节日参与人群广泛，可以形成良好的宣传，能有效促进销量增加。

以"双十一"为例，目前，"双十一"是电商界最大的购物节。

每年，在 11 月 11 日之前，天猫、京东、当当等电商平台和上千万电商卖家都会提前展开大规模的打折促销活动，为"双十一"预热，活动可持续 20 余天。

如果我们是某个电商平台的店铺经营者，如何创作"双十一"节假日文案呢？"双十一"文案最主要的是结合购物狂欢的大背景，打出史无前例的低价、优惠口号，站在消费者的角度，体现出让利消费者，让消费者得到购物实惠。

"双十一"活动文案策划可具体参考图 6-13。

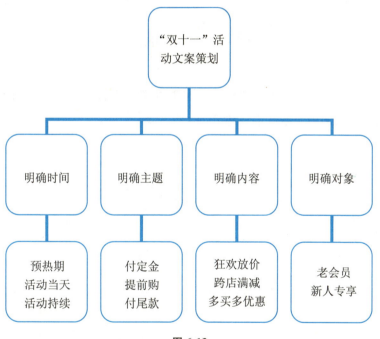

图 6-13

6.3　品牌推广文案

6.3.1　定位是前提：精准拉拢消费者

品牌定位，是品牌推广的前提，如果电商自己都不清楚自己的消费者目标人群，那消费者就更不清楚了。

媒文共赏

"怕上火，喝王老吉"

凉茶，最初广泛流行于我国南方地区，在很多人的认知中，它更像是一种饮料。

王老吉在最初打开消费者市场时，进行过市场调查发现，大多数消费者都很难说清楚凉茶是茶还是饮料，北方人则很少喝凉茶，更讲究温水冲茶、煮茶。后来经过调查发现，人们大多是在预防上火时喝凉茶，于是，就将凉茶与火锅、烧烤等场景结合起来，这样一下子明确了消费者人群。

"怕上火，喝王老吉"这一文案更直接帮助消费者明确了消费需求，很快打开了消费市场。

品牌定位，要站在消费者的角度，了解消费者的生活形态、心理需求，寻找消费者与品牌的"共同点"，在文案中将这一"点"放大，以抓住消费者的心，刺激他们的购物欲望。

对于电商来说，电商的模式让销售者与消费者不必面对面接触，经营者只能通过各种文案来与消费者对话。

要推广品牌就必须先有明确的品牌定位，让电商文案是写给消费者看的，而更有经验的文案创作者还会考虑到在文案中巧妙使用搜索引擎常用关键字（图 6-14）。

图 6-14

6.3.2 推广有门道：好酒也怕巷子深

◆ **认识品牌成长期**

品牌的形成和发展有其固定的规律性和阶段性，品牌的推广也有其客观发展阶段，在不同阶段，品牌的推广侧重点不同（图6-15）。

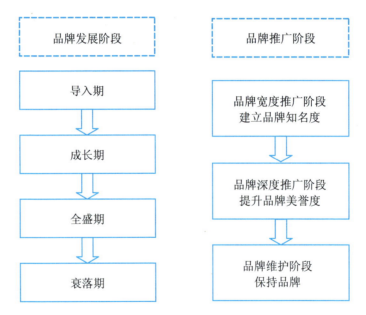

图 6-15

在品牌宽度推广阶段，要强势打造品牌的知名度，可以采用强制灌输、"洗脑"等方式来促进和消费者的初级沟通、宣传品牌。

在品牌深度推广阶段，应提升品牌的美誉度，建立品牌文化，建立与消费者的深度互动。

在品牌维护期，要将品牌的宽度、深度推广相结合，使品牌文化更生动形象、讲好品牌故事。

无论在品牌成长的哪一个时期，品牌推广文案的撰写都应做到语言规范、准确、通俗易懂，这样的文案才更容易达到宣传效果。

◆ **突出品牌个性**

电商竞争激烈，一个爆款产品火了之后，很快会有众多的模仿者蜂拥而至，如何在竞争中保持优势？突出品牌个性必不可少（图 6-16）。

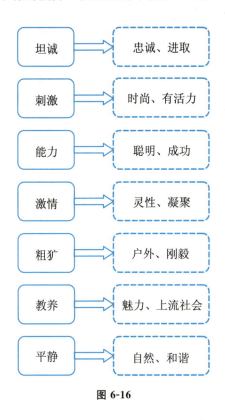

坦诚	→	忠诚、进取
刺激	→	时尚、有活力
能力	→	聪明、成功
激情	→	灵性、凝聚
粗犷	→	户外、刚毅
教养	→	魅力、上流社会
平静	→	自然、和谐

图 6-16

品牌学之父戴维·阿克认为，大多数的品牌，不会同时拥有品牌个性的七个方面，个性太多反而会影响消费者对品牌的认知。因此，对品牌个性的把握一定要准确。

 指点迷津

卖点与需求

在对网购消费者的调查中发现，多数消费者的购物行为都是非理性消费，他们购物的理由是"我想要"而非"我需要"。

好的电商文案一定是能刺激消费者的购物欲望的，消费者购买了某个防晒就"再也不用担心晒黑"，可以丢掉笨重的帽子、臂袖、防晒衣；买了某件化妆品，护肤又养肤，"可以放肆熬夜"，这样的商品效果能满足消费者的心理需要，会让消费者有购买的冲动。

因此，品牌的推广，一定要明确产品的卖点是什么，换句话说，就是要抓住消费者的需求，推广文案的用词要独特，与其他同类产品区分，针对消费者需求，突出卖点。

6.4　新品上市文案

6.4.1　讲好故事，为新品造势

好的故事一定会长久流传，新品上市，也要学会讲故事，用好的故事去触动消费者的情怀（图 6-17）。

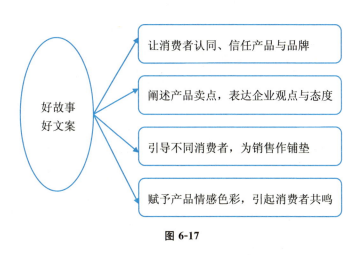

图 6-17

好的文案需要讲好故事，怎么才能讲好故事呢？什么样的故事更能吸引消费者呢？

文案故事要让消费者买账，就必须要符合消费者的"胃口"，消费者看得投入、看得过瘾，自然就愿意下单，我们的故事只需要说给我们的消费者听就可以了。

电商具有竞争激烈、同类产品多、页面浏览时间短等特点，要想用有限的文字、有限的时间抓住消费者的眼球和心理，就必须在讲故事之前，摸清消费者的心理和需求。

在充分了解消费者需求后，就可以讲故事了，电商文案故事切忌长篇大论，短小精悍、直戳内心才是重点（图6-18）。

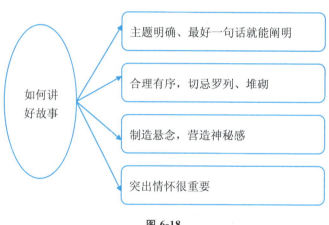

图 6-18

媒文共赏

　　现代人越来越追求生活的仪式感，如果一件商品能让你的生活品质瞬间提高，显得"高大上"，那还有什么理由拒绝买它呢？

　　图 6-19 是一款净水器的上新广告，广告文案中突出了产品功能——"净热二合一"，言简意赅，功能强大，同时，突出了产品与品牌的态度——追求高品质"格调生活"，让生活有仪式感、有格调。

图 6-19

　　简约大气的文案，再搭配简约的图案，充分体现出了文案的质感与产品的质感，很难让消费者不想进一步了解或购买。

6.4.2　好文案，懂得心理暗示

　　新品上市，最重要的是希望得到更多的消费者的了解，然后才能产生销量。新品文案的撰写要打好心理战术，利用心理暗示来吸引消费者。

首先，要真正能"急消费者之所急"。文案要从消费者的角度出发，去帮助消费者解决困扰，如果我们的新产品让消费者有一种"相见恨晚"的感觉，让消费者能发出"要是早有这款产品就好了"的感慨，那么我们的文案无疑就是成功的。如女性化妆产品，女性化妆时，妆感厚重会不舒服、闷气、憋痘，上妆太薄会没有遮瑕效果，不如不用，而"会呼吸的"化妆品无疑是会吸引消费者的（图 6-20）。

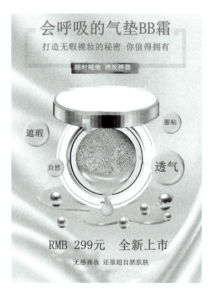

图 6-20

其次，新品往往会有折扣，这是电商的惯用营销方式，超级优惠的价格和较高的性价比是打开市场、赢得更多消费者的法宝。因此，如果新品有促销活动，不妨在我们的新品文案中明确和放大这一点（图 6-21）。

洋溢春季·为爱出发

全场满200减80/满500减200

春·季·新·品

图 6-21

引导消费者明明白白地"占商家的便宜",是非常聪明的文案写作方法。

最后,要让消费者对我们的新产品产生亲近感,这就需要巧妙地与消费者"套近乎","明星同款""××必备"无疑会让很多买家对号入座、主动去寻找与新产品的共同点、主动亲近产品,这正是商家希望看到的。

 随机提问

1. 你有没有在网购时被电商文案吸引的经历?是什么吸引了你?

2. 有一家电商第一次参加"双十一"购物节,主营儿童图书,你能帮这家店创作一个活动促销文案吗?

3. 有一家服装品牌店在去年"双十一"中大卖,其中一件设计款衣服创造了全网销量第一的成绩,今年"双十一"临近,文案小编正在为活动文案发愁,你有什么好的建议吗?

第 **7** 章
微信文案创作

在这个日新月异的时代，网络技术快速发展使得信息传播呈现碎片化特点，此时微信这个热门的移动客户端开始登上新媒体营销的舞台，并绽放着自己的魅力，使很多企业都逐渐转战微信营销。

当前，微信不再是单纯的通信软件，而是文案创作和新媒体营销传播的重要平台。那么，如何让你的微信营销快速引爆朋友圈和公众号呢？本章将带你了解如何进行微信文案创作，广开微信营销之路。

7.1　朋友圈营销文案

很多人都有看微信朋友圈的习惯，人们通过朋友圈，以文字、图片或视频的形式发表自己的日常动态，与朋友们分享。实际上，朋友圈也是微商进行营销的重要场所，营销文案人员将创作好的文案分享到朋友圈，供广大读者观看阅读，开展营销活动。

微信朋友圈的第一批广告

随着微信的创立与发展，微信营销也随之发展，逐渐成为一种新媒体网络营销方式，吸引了个人和企业的眼球，而微信朋友圈开始逐渐商业化，并成为新媒体文案的重要载体。

2015 年这一年对于微信来说是特殊的一年，微信朋友圈商业化之后的第一批广告主——福睿斯汽车（长安福特旗下）开始找上门来。其广告通过微信朋友圈发布之后，引起了强烈的反响，受到了人们的广泛关注，营销效果非常好。主打家用的福睿斯定位于家庭，其文案也围绕家庭展开，以"幸福时光"为主题，打造亲情牌，其包含四个页面的视频内容，每一个视频都温暖深情，受众都深受感动，所起到的宣传效果十分突出。

7.1.1 朋友圈营销文案写作第一步——引流朋友圈

创作微信朋友圈营销文案，如果没有粉丝，即便文案内容再精彩，也不可能取得好的营销效果。所以，在写营销文案之前，首先要做的就是通过多种渠道引流朋友圈。

那么，你知道如何引流朋友圈吗？下面就为你介绍几种常见的引流朋友圈的方法和途径（图7-1）。

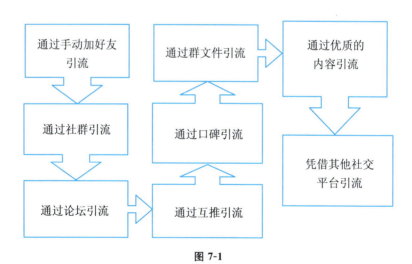

图 7-1

◆ 通过手动加好友引流

　　手动加好友引流是最直接、最简单的引流朋友圈的方式。也就是通过通讯录和微信"发现"中的"摇一摇""附近的人"（图 7-2，"摇一摇"界面示意图）等添加好友。微信直接与手机通讯录相连，通过通讯录来添加好友直接方便。通过"摇一摇"等可以筛选添加陌生人，其功能是不容忽视的。

图 7-2

◆ 通过社群引流

通过社群引流就是寻找相关社群，并加入其中，以此引流到朋友圈。但有一点需要注意，在加入社群之后，不必立即添加某人为好友，可以在与这个人有一定的交往之后再添加，这样在一定的信任基础上，通过好友的成功率会更高。

◆ 通过论坛引流

通过论坛引流就是在论坛、贴吧等平台发布帖子的时候，巧妙地插入微信号。但要注意，在论坛或贴吧发布的内容一定要有吸引力，具有一定价值，这样才能被人添加。

◆ 通过群文件引流

通过群文件引流就是创作一篇价值颇丰、标题吸引人的文章发布到群文件中，同时在文章中加上自己的微信号，吸引受众添加。

◆ 通过口碑引流

通过口碑引流就是通过有影响力、有粉丝的名人去介绍产品或品牌，从而吸引受众。新媒体时代，口碑引流是一种很有效的营销方式。但要注意，被推广的人要有一定的实力，否则可能留不住粉丝。

◆ 通过互推引流

通过互推引流，就是当你的朋友群人数足够多的时候，可以找一个和你级别差不多的人交换一下粉丝，也就是互推一下，这样你的粉丝就会很轻松地增加一倍。

◆ **通过优质的内容引流**

通过优质的内容引流和群文件引流有着异曲同工之妙，就是通过分享有价值的干货来吸引人关注。

◆ **凭借其他社交平台引流**

在这个多元化的营销时代，不必只凭借一个营销平台进行推广，可以凭借其他社交平台引流推广，如在 QQ、微博、知乎等平台留下自己的微信号，当这些平台上的人被你发布的内容所吸引时，就会主动添加你为好友。

7.1.2 朋友圈文案营销写作方法

各抒己见

在微信朋友圈，你都是以哪种方式来写作营销文案的呢？是直接推广，还是分享生活呢？除了这些，你知道还有哪些营销文案写作方法吗？

通过朋友圈进行文案营销的方式有很多种，这里就为你介绍几种常见的营销写作方法，如图 7-3 所示。

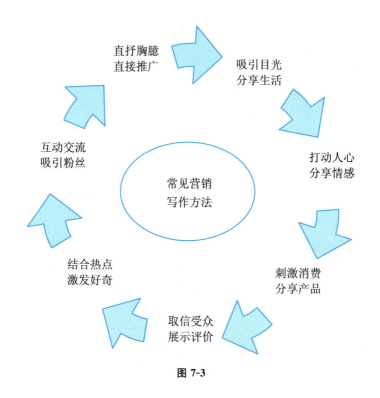

图 7-3

◆ **直抒胸臆，直接推广**

直接推广是最常见的一种朋友圈营销文案写作方法，也就是直接对产品或品牌进行推广，无需复杂的写作技巧，让受众一看就能明白。

◆ **吸引目光，分享生活**

如果一味推广产品、植入广告，时间久了难免会让人厌烦。此时可以适当地在朋友圈分享自己的生活，如生活中的趣事，生活中的美好时光等，这样会更有吸引力和亲和力，会让受众产生了解产品和购买产品的欲望。

◆ **打动人心，分享情感**

将自己生活或成长中的一些感悟写下来，分享到朋友圈，如果有些人正好有着和你类似的经历和感受，就会引发他们的情感共鸣（图 7-4，朋友圈动态示例）。他们会对你产生深刻的印象，进而更愿意了解你所推广的产品。

头像	昵称
	朋友圈文案示例： 没有一朵云，没有一棵树，是不美丽的。美，源自于大自然。

图 7-4

◆ **刺激消费，分享产品**

进行营销文案的写作，当然最重要的还是推销产品，所以可以适当地在朋友圈晒一晒自己的产品，向受众们介绍一下产品的信息，刺激消费。但是要注意，在朋友圈晒产品的频率不要太高，一天一两次或两天一次即可，避免刷屏。

◆ **取信受众，展示评价**

当有受众购买产品并分享感受，做出评价之后，可以将评价发到朋友圈进行分享。这样可以让其他受众对产品有一个全面的认识，也能有效获取他们的信任。

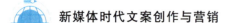

◆ **结合热点，激发好奇**

人们普遍对当下的热点话题、热点新闻或节假日等比较好奇和感兴趣，因此你可以在这些方面花些心思，整理撰写相关内容，分享到朋友圈。当受众看到之后，一方面能产生新鲜感，另一方面也会关注你的产品。

◆ **互动交流，吸引粉丝**

增加粉丝量是促进营销的重要途径，所以为了吸引粉丝，可以在朋友圈发表一些互动性较强的话题，让受众积极参与。发表的话题要有一定的新颖性，还要起到宣传作用。具体可以发表一些趣味性话题，也可以要求受众留言，然后从中抽取幸运受众赠送礼物。

 指点迷津

朋友圈文案写作有规则

你知道吗？朋友圈文案写作也是讲究规则和技巧的，如果你在写朋友圈文案时遵循如图 7-5 所示的几项规则，可以让你的文案精美而富有吸引力。

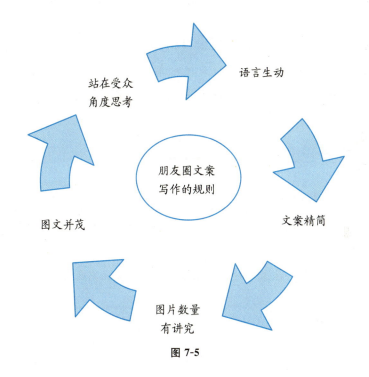

图 7-5

　　在写朋友圈文案时，要站在受众角度揣摩他们的心理，尽量使文案符合受众的喜好和需求。文案要尽量精简，而且语言要生动，文字在 120 字以内，否则受众很难耐心读完。写文案还要做到图文并茂，这样文案会更加生动和丰富。选图片时也有讲究，最好是选择 1、3、4、6 张，这样组合的图片会更美观。

7.1.3　带你认识朋友圈 H5 文案写作

**各抒己见**

借助朋友圈进行营销推广，文案是核心。那么，你知道什么是 H5 文案吗？你知道 H5 文案写作都包含哪些因素吗？你知道朋友圈 H5 文案的写作方法吗？

带着这些问题，就来一起认识朋友圈 H5 文案的写作吧。

H5 实际上是 HTML5（Hyper Text Markup Language 5）的简写形式，是目前应用广泛、构成网页文档的一种重要语言。现在，HTML5 网页已经成为一种重要的营销形式在微信中广泛应用。H5 的种类有很多，但无论哪种形式，都离不开文案这一核心灵魂。

下面就通过图 7-6 带你认识朋友圈 H5 文案写作的方法。

◆ **把握方向，明确主旨**

写任何文案之前，明确主旨都很重要，写 H5 文案时也不例外。当确定主旨之后，文案的写作才能逐步展开，写出的文案也才会主题鲜明、重心突出。那么，如何来确定文案主旨呢？

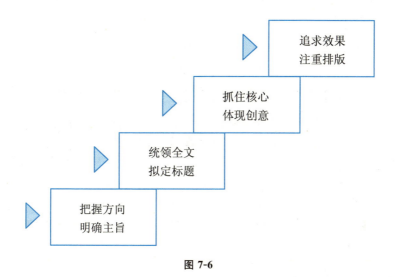

图 7-6

你可以根据营销目的来确定文案主旨，也就是确认文案营销目标是什么，是推广产品和品牌，还是宣传活动等。

你还可以根据受众类型和心理来确定文案主旨，在此之前需要调查受众的类型，了解受众的心理，所以采用这种方式确定的主旨更能激发受众的兴趣，能达到良好的营销效果。

◆ **统领全文，拟定准确的标题**

在明确主题之后，接下来就要拟定一个准确、恰当的标题。要注意的是，H5 文案标题不必过于华丽，只要紧贴主题即可。通常用以下方式来拟定标题（图 7-7）。

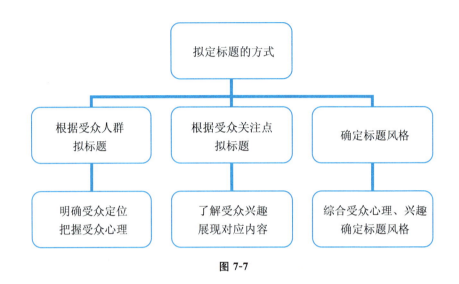

图 7-7

例如，为儿童图书做 H5 文案，其受众是广大父母，他们重心在家庭和孩子上，由此可以确定一个"读书"的内容，并据此确定标题风格，走亲情路线来吸引受众。

◆ 抓住核心，撰写有创意的内容

内容是文案的重要组成部分，是呈现给受众看的信息，内容中的任何元素，包括字词、句子、思想、情感等，都对之后的营销起到重要的作用。所以，要在文案内容上下功夫，使文案内容富有创意，以吸引受众的目光。

什么样的文案才称得上是有创意的呢？那就要看它的图片和场景设置是否新奇，能否带给受众视觉冲击力，还要看它的文字表达是否有感染力。文案无论是幽默搞笑、充满想象，还是触动人心，只要吸引受众，就算是成功的，受众乐于接受和传播这样的文案，营销效果自然不会很差。

 **媒文共赏**

腾讯校招鹅历

腾讯的校招鹅历就十分有创意，这个 H5 文案为即将毕业的学生提供了一份富有情怀的求职日历，获得了广泛的关注和认同。该文案以一份日历的形式呈现了腾讯校园招聘的时间历程，这个日历被称为"鹅历"（因为腾讯的标志是企鹅，所以第一个字是"鹅"）。"鹅历"上清晰地罗列了学生在各个阶段需要注意的事项，应该做的事情，可以有效指导毕业生为求职做好规划，即便毕业生最终未被录取，也能从中受益。这一富有创意的文案不仅达到预期的目标，还能为毕业生提供长远的帮助，而且体现了人文情怀，可谓一举多得。

◆ **追求效果，注重文案排版**

对于一篇完整的文案来说，要重视内容，同时也不能忽视排版。在写微信 H5 文案时，也要注意排版问题。

由于移动设备的显示屏幕都不是很大，因此文字的长短、字数、字体等都影响着文案的视觉效果。那么，文案排版要注意哪些问题呢？下面就通过图 7-8 来了解一下。

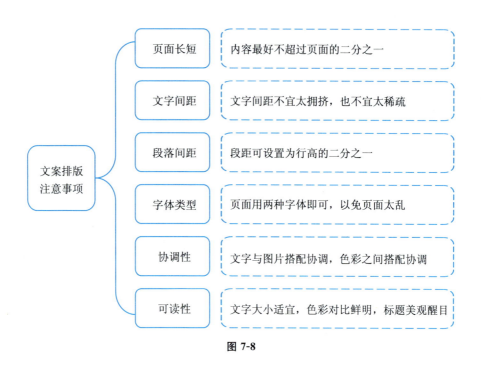

图 7-8

实际上，文案排版需要注意的问题还有很多，要想呈现一个精美的文案，就要注意细节问题，在排版上下一番功夫。

7.2　微信公众号营销文案

现在，谁的微信里还没有几个微信公众号呢！微信公众号是目前常用的一个新媒体营销宣传平台。个人和企业可以在自己的微信公众号上以各种形式发布信息，进行营销，还可以与粉丝进行全方位互动。通过微信公众号进行营销，相应的文案自然不能少，接下来就带你全面认识微信公众号营销文案。

7.2.1　公众号营销文案写作第一步——定位平台

 各抒己见

在通过微信公众号推广产品时，首先要对平台进行定位。那么，你知道为什么要对平台进行定位吗？你知道对平台进行定位意味着什么吗？你知道如何定位吗？

进行微信公众号文案写作之前，首先要对公众号这一平台进行定位，也就是定位目标人群，了解他们的喜好，明确他们的动机，分析他们的基本情况等，进而策划相应的内容，设计符合受众需求的文案风格，提供相应的服务等。

具体来说，可以根据以下几个方面来定位微信公众号平台（图7-9）。

图 7-9

◆ **年龄不同，需求不同**

人所处的年龄阶段不同，需求也是不同的。一般的，年轻人接受能力强，对新鲜的事物比较感兴趣，在面向他们推广时，网络热点、幽默轻松的内容更能吸引他们；中老年人比较注重生活和养生，日常生活、健康养生的内容更受他们的关注。

◆ **性别不同，爱好不同**

性别的差异，使得男性和女性所关注的事物不同，对文案内容要求也不同。通常，女性对娱乐、情感、文学方面的内容更感兴趣，男性则更关注军事、科技等方面的内容。所以，文案写作人员要根据性别对文案内容进行调整。

◆ **地域不同，接受度不同**

地域不同，文化、习俗、接受度等也不相同。例如，南北方人在生活习惯上有着显著的差异，不同城市的人们的消费观、生活观也不相同。所以，在进行公众号文案写作时，要考虑地域这一因素。

◆ **受教育程度不同，要求不同**

受教育程度不同的受众，对文案内容的话题、内容、难易程度、风格等的要求也不相同，一般受教育程度越高的人，对文案的要求越高。

◆ **行业不同，关注点不同**

不同行业的人都有着不同的关注点，如从事服装行业的人，更多地会关注与服装方面相关的内容，所以公众号文案的推广要与行业相匹配，为受众提供与他们本行业相关的内容。

◆ **收入不同，消费水平不同**

受众的收入不同，消费水平也不相同，在进行产品推广时，要找准目标受众，只有推广给那些能够承担起产品价格的受众，才能达成促销目的。

7.2.2 微信公众号营销文案写作讲技巧

微信公众号营销文案写作是讲求技巧的，如内容怎么创作，封面怎么设计等，了解并掌握了这些，相信你的公众号会更有吸引力。

◆ **精心设计内容**

对于微信公众号营销而言，内容依然是其核心，所以在写微信公众号营销文案时，要根据目标定位，在内容上进行精心设计。一篇内容一般包括标题、正文和结尾三个部分，但对于微信公众号营销文案来讲，正文的开头部分十分关键，因此接下来重点带你了解如何从标题、开头和结尾三个方面入手写好微信公众号的内容。

◆ **微信公众号营销文案的标题**

在微信公众号营销文案中，标题是不可或缺的一部分，也是最能吸引受众的地方。好的标题可以说是内容的灵魂，能够激发读者的阅读欲望。那么，如何写出好的标题呢？下面教你几种不同的写作思路（图7-10），一旦掌握了写作思路，那么写出好的标题就不成问题。

设置悬念——

一般受众都无法抗拒悬念式标题，一个充满悬疑色彩的标题能有效激发受众的兴趣，吸引他们继续阅读。那么，如何设置悬念式标题呢？你可以从三个方面入手：运用带有悬念性的词语，如"就说""原来是这样""真是没想到"等；运用反问、设问等疑问句；嵌入关键字，如"背后""真相"等。

朋友圈文案标题写作思路						
设置 悬念	讲述 故事	抒发 情感	紧跟 热门	抓住 诉求	善于 提问	产品+ 促销

图 7-10

讲述故事——

人人都喜欢生动的故事，一个带有故事性质的标题必然会吸引大众的目光，激发受众的阅读兴趣，对营销推广有着积极的促进作用。那么如何拟写故事性标题呢？你需要注意三点内容：一是亮点突出，即使标题很短，但也不能过于平淡；二是故事要真实，感情要充沛，这样更能感动人；三是故事表达完整，残缺的故事是没有吸引力的。

媒文共赏

《那些年傍晚 6 点，你在电视机前等谁？》

小时候，每天傍晚 6 点，有很多人都会坐在电视机前等一个人物、节目。

优衣库推广新款 T 恤的文案主打怀旧风，标题采用了典型的故事式标题——那些年傍晚 6 点，你在电视机前等谁——瞬间将受众拉回了小时候，满满的都是小时候的回忆。与之产生共鸣的受众，自然也会想买一件这样的 T 恤来追忆童年。

抒发情感——

情感式标题散发着浓浓的情意，很容易触动受众的心灵。在写这种标题时，要抓住三个要点：一是分析受众的情感需求，做到有针对性；二是切中受众最强烈的情感诉求点；三是融入表达情感的词语，如"甜蜜""浓情""温馨"等。

紧跟热门——

人们普遍对热点事件和话题比较感兴趣，所以在标题中嵌入热点事件、人物或话题等，更能吸引人们的阅读兴趣。那么，如何来创作紧跟热门的话题呢？你不妨试试这两种方法：一是嵌入热门事件或人物；二是使用当下流行、热门的词语。

抓住诉求——

文案的标题一定要体现受众的需求，只有抓住了受众的需求，才能激发他们潜在的需求。那么，如何抓住受众的诉求点呢？不妨按照下面三点去做：一是直接介绍产品或服务，便于受众锁定目标，产生需求；二是用劝说的语气，暗示受众采取行动；三是多用表示行动类的词语，鼓动受众采取行动。

善于提问——

提问式标题既能吸引受众目光，又能引发受众思考，加深受众的印象。所以，在写公众号文案时，可以尝试采用这种方式撰写标题。提问的方式有很多，想要写好这类标题，首先要掌握一些常见的提问方式，如图 7-11 所示。

掌握了这些提问方式，何愁你的标题不吸引人。

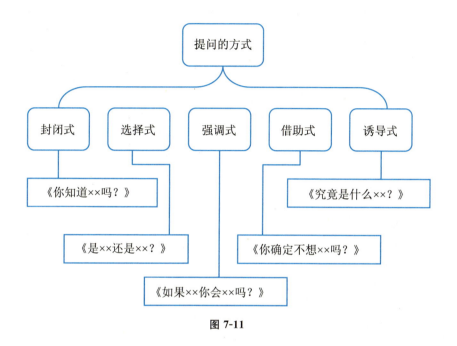

图 7-11

产品＋促销——

当有实际或特定需求时，可以采用产品＋促销的方式来写标题，这样可以让受众一目了然，也能立刻激发受众的购买兴趣。例如，唯品会这一购物平台在发布公众号文案时，标题常会采用这种风格。其标题十分醒目，其中包含"低价""包邮""折扣"等字眼，直接告诉受众产品的名称、价格、优惠等，能快速激发受众的购买欲望。

◆ 微信公众号营销文案的开头

一篇文章的开头具有先声夺人的作用，如果开头醒目，具有吸引力，那么才会有人想继续往下读。所以，在写微信公众号营销文案时，一定要注意文章的开头，确保文章开头精美、有吸引力。

那么，如何才能写出一个好的文案开头呢？你不妨来试试以下为你展示的文案开头方式（图7-12）。

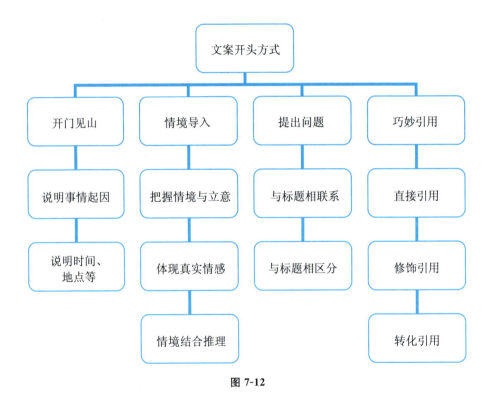

图 7-12

通过上图，你是不是对写文案开头更有把握了呢？

◆ **微信公众号营销文案的结尾**

文章标题、开头固然重要，但结尾也不容忽视，一个有趣的结尾可以令人久久回味。即使标题和开头再精彩，如果结尾潦草，也会令受众失望。那么，如何写出一个生动、漂亮的结尾呢？下面就通过图7-13为你介绍几种结尾的方式，助你写出一个恰当、生动的结尾。

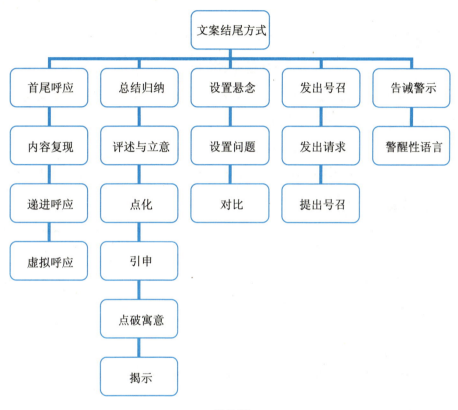

图 7-13

如此多的结尾方式，相信你总能找到一款适合自己的，使自己的文案有一个完美的收尾。

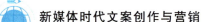

媒文共赏

《送给抽烟的你》

《送给抽烟的你》是立顿茶在微信公众号中的一篇文案。该文案采用了号召式的结尾（大意如下）：

饮茶只是戒烟过程中的一项补救措施而已……戒烟才是明智之举。

在解析了吸烟的坏处和喝茶的好处之后，在结尾处发出这样的号召既提醒了受众，突出了主题，又推广了产品，实在是妙。

◆ 巧妙设计封面

微信公众号的封面中，图是必不可少的部分，所以这里首先来说一说微信公众号封面中图的设计。一般封面图都会采用与所营销产品相关的图片。为了突出个性与趣味性，还可以使用一些带有独特标志或图形的图片。

说完图片，再来说一说封面中的摘要。摘要实际上是封面下方的一段引导性文字，起着揭示主题、吸引受众的作用。通常，摘要会显示在单图文列表页面，多图一般没有。摘要字数在 50 字左右，其内容主要根据标题来拟定。

◆ 打造视觉效果

一篇光彩夺目的文案不仅要有吸引人的标题和富有趣味的内容，还要有吸人眼球的视觉效果。那么，如何打造绚丽的视觉效果呢？具体可以从配色和排版两个方面来考虑。

　　文案的配色一般使用与企业或品牌相关的颜色，以提高辨识度。所选用的颜色尽量温和，这样会带给受众良好的阅读体验。文案插图中字体的颜色应与图片相匹配，使得整个图片显得协调。

　　文案的排版要体现美观性，通常可以遵循对齐、对比和统一的原则。对此一般默认为左对齐，但也可以根据具体情况选择右对齐或居中对齐，也可以混合使用。对比包括标题与正文的对比、重要内容和普通内容的对比等，目的是体现差异，突出重点，提升视觉效果。排版样式要统一，包括风格统一、字体格式统一、行距统一等。

　　如果能打造出风格独特、华丽炫目的视觉效果，那么必然会增加文案在受众心中的好感度，增强营销效果。

 指点迷津

文案何时推送比较好？

　　撰写文案的目的主要是给受众看，所以文案写好了之后就要推送出去，让广大受众阅读浏览。那么，何时推送比较好呢？

　　现在，受众的阅读呈现碎片化趋势，所以要充分利用受众的碎片化时间。一般，微信公众号文案可以选择这样几个时间段：上班之前的时间段，早上 7 点到 9 点；午休的时间段，中午 11 点 30 到下午 1 点 30 分；下班后的时间段，下午 6 点到晚上 8 点；睡觉之前的时间段，晚上 10 点之前。当然，也可以根据具体情况灵活安排。

随机提问

    1. 你了解朋友圈营销文案吗？你知道朋友圈营销文案怎么写吗？

    2. 你知道微信公众号营销文案写作第一步要做什么吗？

    3. 你了解朋友圈 H5 文案写作吗？找一篇最近吸引你的朋友圈文案，分析一下它是不是符合 H5 文案写作的方法。

    4. 微信公众号营销文案写作内容怎样操作才能出彩呢？你有什么内容写作技巧分享给大家吗？

第 **8** 章
其他新媒体文案创作

在新媒体的成长与发展过程中，文案扮演着新媒体命脉的角色，谁的文案更出彩，谁的影响力与号召力就可能更大。

新媒体时代，各种媒体平台和自媒体如雨后春笋般层出不穷，不同的新媒体各具特色，百花竞放、争奇斗艳，只有结合不同的新媒体信息传播特点，创作出有特色的文案，才能更精准地吸引用户关注、鼓励用户扩散传播使新媒体大放异彩。

8.1　社群文案

8.1.1　社群与粉丝文化

各抒己见

一款产品的推广，最有可能从哪个媒体渠道开始？微博？微信朋友圈？短视频平台？还是产品社区？

社群就是很多人在线聊天的微信群或 QQ 群吗？同学群、同事群、业主群是社群吗？

社群可理解为相同爱好和需求的人（这群人被称为"同好"）共同构成的线上集体，在社群中，不同成员之间进行彼此感兴趣的方面分享，互通有无、讨论话题、制造话题、扩散话题。

社群是搭乘着移动网络的快车"火"起来的，人们越来越习惯通过手机搜索自己感兴趣的信息，通过手机搜索热门事件，通过手机找工作、学习、解决吃穿住用等问题，手机移动端的便捷使得人们在线上的时间越来越多，于是形成了很多大大小小不同的圈子，这种圈子就是社群。

有趣、有用的信息会在一个圈子内传播、发酵，然后向全网扩散。

社群信息的广泛传播性，使得越来越多的商家将营销从线下转移到线上，在不同的社群中寻找目标用户（图 8-1），传统企业、电商、微商纷纷开展社群营销，社群经济由此崛起。

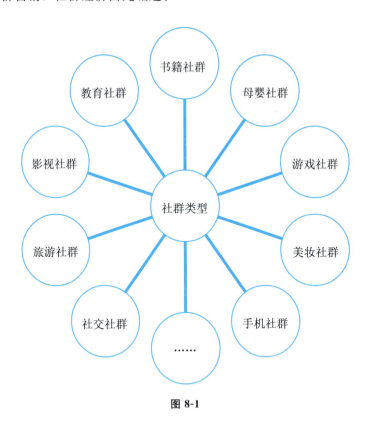

图 8-1

在社群经济崛起的过程中，社群中的同好们起到了重要的推动作用，这些同好们通过在网上发布信息、交流经验、传播、分享，成为很多社群的"口碑营销"利器。

指点迷津

何谓"同好"

同好，是指具有相同爱好的人。

《左传·僖公四年》："齐侯曰：'岂不谷是为？先君之好是继。与不谷同好如何？'"

在社群中，同好是指同一个社群的好友，他们因相同的兴趣爱好和需求而进入到同一个微信群、QQ群、论坛、社区，成为某一个产品的"发烧友""真爱粉"，他们之间互称"同好"。

社群的粉丝文化是由诸多同好建立起来的。

粉丝经济先于社群出现，社群将粉丝经济发展到极致，企业深入到社群中，通过同好间的相互传播、分享，提高产品销量，扩大品牌影响，进而收割粉丝红利（表 8-1）。

表 8-1 不同手机品牌的粉丝人群

产品/品牌	社群	粉丝
小米	小米社区	"米粉"
锤子	锤子手机论坛	"锤粉"
魅族	魅族社区	"煤油"
vivo	V粉社区	V粉
华为	花粉俱乐部	花粉

粉丝们会对产品或品牌注入情感，他们并不会嫌弃产品的缺点，反而会帮助产品和企业不断发展进步，并在自己的社交过程中传播该产品，帮助产品和企业树立良好的口碑，给产品和企业带来更多的消费者。

8.1.2 社群信息传播的特点

社群信息的传播是通过社群中用户的分享行为产生的，而且这种分享行为可能产生消息的裂变（图 8-2）。

8.1.3 社群文案是社群营销利器

社群文案是企业为了引导目标消费人群做出预期的商业行为而撰写设计的文案，它是社群营销的重要手段。

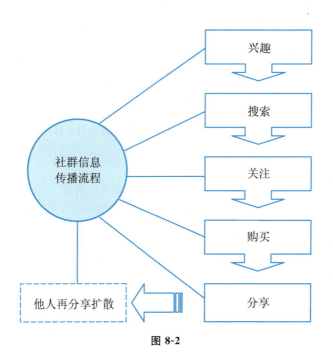

图 8-2

社群文案的撰写，应充分发挥自己营销利剑的作用。那么，一个优秀的社群文案应该具有哪些特点，应该怎么创作呢？

简单来说，社群文案具有以用户为中心、逻辑清晰、语言简练且活泼的特点（图 8-3），这样的文案会让用户更有亲近感。

社群文案应便于阅读，让用户一眼看到文案的重点是非常必要的。

很多社群文案是直接服务于企业的宣传的，尤其是需付费产品的文案导入，既要在社群成员中引起用户的关注，又要让广告植入不被反感，文案一定要简洁凝练、直截了当，并且设身处地为用户考虑，让用户产生好感，如图 8-4 是一款线上课程的"硬广"植入。

以用户为中心 —— 文案内容符合用户的兴趣爱好、投其所好

逻辑清晰 —— 文案内容叙述便于理解，能让用户快速掌握内容、抓住重点

语言简练、活泼 —— 文案内容要生动活泼、让用户读起来有亲切感

图 8-3

口语表达，阅读、写作不犯愁！
形体训练，气质、魅力一定棒！
口才表演，谈吐优雅，有自信！
情商训练，成就交际小达人！

想找语言培训，快来加入我们吧！↓↓
报名链接××××××××××××

图 8-4

新媒体时代，内容为王，谁的文案能第一眼吸引用户，谁才能吸引用户的关注，当然也不要试图通过一次文案撰写与策划赢得品牌口碑与创造销售奇迹，社群的成长与营销需要品牌与用户长期联络感情。

8.2　微博文案

8.2.1　微博信息是如何传播扩散的

各抒己见

你有微博吗？你的微博原创内容最高的阅读量是多少？

你有没有参与过微博热门话题的讨论？你觉得微博中的哪些话题更能受到大家的关注？

为什么一些原创微博本身不火，却会因为一些"神评论"而受到热议？

和其他社交媒体不同，微博是一种单向社交，每一个微博用户都可以任意关注他人，而不需要对方进行好友确认。

微博最开始的动态发布设定最多可编辑 140 个字，可编辑文字数量少（图 8-5 为微博动态发布界面示意图）。

基于单向社交，微博的信息传播具有不对称性，更多的是单向关注与传播。

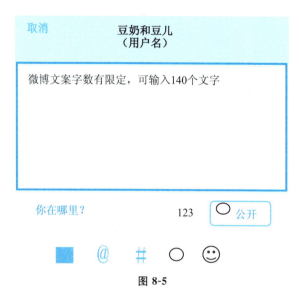

| 取消 | 豆奶和豆儿 |
| | （用户名） |

微博文案字数有限定，可输入140个文字

你在哪里？　　　　　　　123　　○ 公开

■　@　#　○　☺

图 8-5

文字少、单向传播的微博何以具有成就微博信息裂变、频频制造热搜的神奇传播力量呢？接下来一探究竟。

微博是很多热搜事件的见证者，用户可以使用微博随时随地快速编辑和发布简短的信息、图片、视频，且在微博动态的发布过程中，用户可以自主选择信息公布类型（图 8-6，微博动态类型采意图）。

正是这种简短、便捷、迅速的优势，能营造一种"现场播报"的信息传播效果，这种"没有亲临现场但胜似亲临现场"的信息传播，让很多不了解现场情况的人能关注、跟进，进而形成病毒式的扩散与"围观"。

从微博传播主体、传播内容，到传播方式，微博信息有着自成体系的信息传播特点（图 8-7），正是这些特点，让微博一次又一次在各大新媒体中脱颖而出、跻身热门。

图 8-6

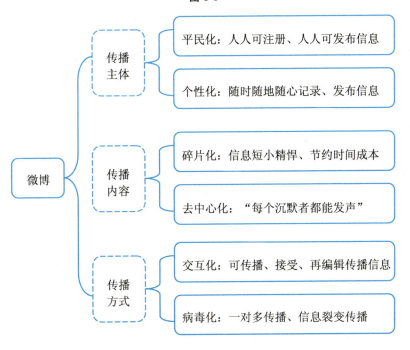

图 8-7

微博信息传播的方式，让每一个普通人都有可能成为信息风暴的制造者，通过微博动态文案内容去影响大众舆论。

微博信息立体化的传播让越来越多的个人、企业注册微博、使用微博，一些影视剧为了促进宣传会为剧中人物注册微博，甚至一些人还为自己的宠物注册了微博（图 8-8）。

个人微博	比如你的个人微博
企业微博	比如腾讯、百度等企业的官方微博
政务微博	比如平安北京的官方微博
媒体微博	比如央视新闻、人民日报等媒体微博
校园微博	比如北京大学、清华大学等校园微博
其他微博	影视剧微博、影视剧人物微博、宠物微博、卡通人物微博、建筑物微博等

图 8-8

新媒体蓬勃发展的新时代，微博是最有信息传播影响力的新媒体平台之一，优秀的微博文案撰写能有效吸引关注、促进信息转发、扩大宣传与影响。例如，一部新影视剧上映，会专门开通官方微博，尽管它的存在期很短，随着影视剧播放结束就会沉寂，但是它在前期影视宣传、制造话题方面的重要作用不容忽视。

 指点迷津

微博 VS 微信

微博与微信都是社交类媒体平台，微博侧重于是一种媒体工具，微信则更侧重于是一种社交工具（表8-2）。

表 8-2　微博与微信的异同

相同点	不同点
◆ 都是信息交流与分享平台 ◆ 都可以评论、点赞 ◆ 都可以关注或相互关注	◆ 微博信息发布限定 140 字以内；微信朋友圈信息发布字数无限制 ◆ 微博面向公众；微信是私人的 ◆ 微博所有评论是公开的；微信朋友圈评论只有共同好友可以看到 ◆ 微博信息可直接转发、编辑；微信朋友圈内容不可以直接转发

8.2.2　好文案成就微博热搜话题

你身边有没有这样的草根明星朋友，他们的微博文案总是能引起广泛的阅读和转发，然后就开始有一些商家找到他撰写、转发产品文案，他是怎么做到的呢？

微博文案的撰写要牢牢把握微博文案信息发布、传播的特点，要做到"快、稳、准、狠"（图8-9）。

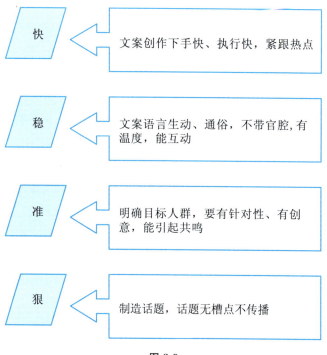

快　　文案创作下手快、执行快，紧跟热点

稳　　文案语言生动、通俗，不带官腔，有温度，能互动

准　　明确目标人群，要有针对性、有创意，能引起共鸣

狠　　制造话题，话题无槽点不传播

图8-9

从传播经验来看，微博话题或是软文的创作，越是能触动大众的文案越容易受到关注和转发，打情感牌在任何时候都是微博文案创作的优选方向。

很多微博文案小编时常困惑，哪有那么多的情感和故事挖掘呢？我们把自己很受感触的事情说出来，很多人会不以为然，这是为什么呢？

微博的受众多，各行各业的人都有，那么怎么去寻找最能打动人心的事件呢？这就需要我们要学会"站在巨人的肩膀上"思考，通过"捆绑"受众来制造话题。例如，改编一句热门歌曲的歌词、热门影视剧的经典台词；或者根据一首世界名曲旋律，结合产品进行有趣的填词；结合流行的"××体"进行再创作等。

媒文共赏

"凡客体"

"凡客体"是凡客诚品（VANCL）广告文案宣传的文体，通过对主流文化的戏谑来彰显和强调自己的个性，曾经火爆网络，被众多网友争相模仿，可以算得上是网络语体的元老了。

凡客通过为每一位代言人量身制作"凡客体"吸引了一大批凡客的钟爱粉，通过不同的"凡客体"传达了品牌个性、态度与情怀。

"凡客体"并没有在微博出圈，但对语体的仿造成为之后很多微博文案热搜和出圈的标杆。

某电影宣传时发布的"依然体"24 小时点赞 12 万（数据摘自《财经天下》），之后被网友纷纷效仿创作，走的就是热搜语体宣传路线。

图 8-10 是"凡客体"的语体模板，如果你感兴趣不妨试着仿写一下，想一想它为什么火爆呢？

爱××，爱××，

爱××，爱×××××，

爱××，也爱×××××××××，

我不是×××××，

我是××，

我只是××××，我和你一样。

图 8-10

8.2.3　企业官方微博文案吸粉的秘密

◆ 多与粉丝互动、维护粉丝

企业开通微博，开展微博营销，应与粉丝多互动，了解粉丝需求，维护粉丝利益，增强粉丝的体验，有了粉丝互动，企业的产品和品牌宣传就会变得更加轻松。

指点迷津

微博评论"被翻牌"

很多优秀的企业产品或品牌都有自己的忠实粉丝，这些粉丝会在企业官方微博的动态下面积极留言评论、点赞。

有时，官方微博会转发精选粉丝的产品体验评论，或者在评论区回复有趣的评论，这种被官方"点名"的互动行为被网友称为"翻牌"，其他粉丝会羡慕"被翻牌"的粉丝，于是更积极地评论互动。

企业官方微博与粉丝的有趣互动有时也能冲上热搜，这无疑会给企业带来更多的流量，并吸引到更多的粉丝。

◆ **激发粉丝的分享热情**

如果企业官方微博的动态更新非常频繁，但是浏览量一直都不高，转发量更是少之又少，那么企业的微博文案一定是无趣的，再多条的文案也是徒劳。

让粉丝主动分享文案、帮企业宣传，并不是一件容易的事情。

什么样的文案，粉丝会更容易分享、更愿意转发？

从粉丝容易转发的角度来讲，微博文案应该降低分享成本，争取让粉丝花费最少的时间、最少的步骤，就将文案转发出去（图 8-11）。

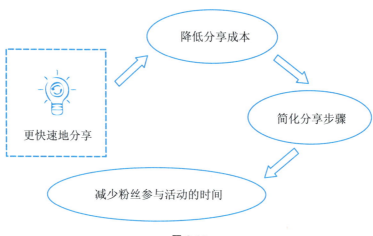

降低分享成本

简化分享步骤

更快速地分享

减少粉丝参与活动的时间

图 8-11

从粉丝愿意转发的角度来讲，企业的文案创作应能吸引粉丝，引起粉丝的情感共鸣，或者让粉丝得到实惠、获取利益（图 8-12）。

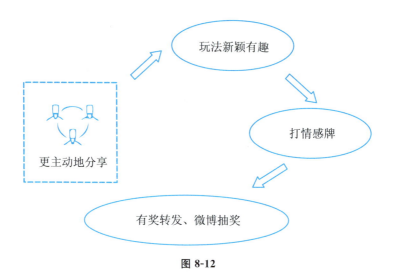

玩法新颖有趣

打情感牌

更主动地分享

有奖转发、微博抽奖

图 8-12

除了线上的有效互动，企业还可以给粉丝发红包，开展线下活动。例如，组织各种同城会、线下粉丝见面会来扩大企业影响，在线下活动开展期间，利用企业微博进行预热、直播、回顾，都能吸粉。

◆ **利用粉丝头条做文章**

粉丝头条是微博营销推广的实用小工具，它能有效提高微博文案的曝光率，确保每一位粉丝都能看到企业发出的文案（图 8-13，微博"粉丝头条"优点）。

信息流显著位置展示	提升互动量
将微博推广到显著位置，让更多的人看到	将微博推送给博主目标用户，增强用户与博主的互动
提升阅读量	涨粉
将微博推广给目标用户，提高二次甚至多次传播，提高微博影响力	将微博通过广告定向传播，实现社交关系裂变，收获更多粉丝

图 8-13

粉丝头条具体应该怎么操作呢？操作步骤如下。

首先，登录微博，进入首页，编辑所需要发布的文案，点击文案右上角处的"推广"（图 8-14，动态推广操作示意图）。

其次，根据自己的需求点击选择不同的推广方案（图 8-15，付费推广示意图）。需要特别提醒的是，这一功能目前在 IOS 手机端暂不支持。

新媒体时代文案创作与营销

图 8-14

图 8-15

　　一般来说，将微博文案"推广给我的粉丝"和"推广给更多用户"时，粉丝数量越多，推广支付费用越贵。

8.3　品牌故事文案

故事的流传度是非常广的，好的文案要学会讲故事，让这个故事被人听到，被听到故事的人记住，并促使听故事的人能主动分享给更多的人，如此形成"病毒式"的传播。

那么，究竟什么样的文案故事能形成"病毒式"的传播？

一般认为，会讲故事的文案应该具备以下几个基本特点（图 8-16）。

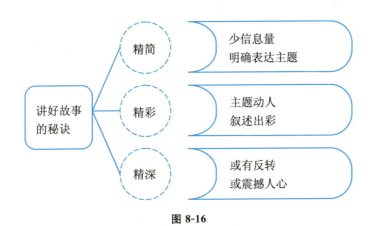

图 8-16

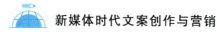

我们都知道文案讲好故事的重要性，但面临的难题是，好故事固然吸引人，那好故事从哪里来呢？只能靠企业自己去"编造"吗？只能局限于产品本身吗？当然不是。

8.3.1　品牌自身的故事

一个品牌的产生并不是随意一句话就能创立出来的，一定是经过深思熟虑的结果。

一个品牌获得成功，受到大众的喜爱，也一定是经历了无数的艰辛和努力的，"一夜成名"的背后一定有无数个日夜的奋斗。

因此，品牌自身的故事是能够打动消费者的，创业的艰辛、灵感的来源，都可以讲给消费者听。

8.3.2　企业员工的故事

或许很多人会问，员工能有什么好故事，又不是创业者，也不是商界传奇人物，怎么可能有什么值得说的故事呢？

如果你这样想，那你可就大错特错了。

我们所说的员工的故事，不在于多么的惊心动魄、跌宕起伏，一个细小的、温情的点，都能成为一个故事。

例如，有一家企业的一名员工外调到分公司主持工作，该员工两个月后仍然难以克服水土不服，在朋友圈打趣说想念家乡的火锅，恰好总公司两名高管到外派员工所在的城市出差，于是贴心地给外派员工带了一大包火锅底料和一大包辣椒，当西装革履的高管与超大份量的火锅底料与辣椒出现在一个画面中时，显得有些格格不入，但是火锅背后的故事却在企业中流传开来。

这样一个小故事无疑是充满温情的，是动人的，企业完全可以将这样的平凡而又特别的故事讲给大家听。

故事背后的情感、企业价值观也一定会随着故事广泛流传。

来自企业员工的文案故事，一定不要单纯地为讲故事而讲故事，一定要突出企业品牌的核心价值，让品牌、员工、消费者之间能建立情感上的连接和认同。

8.3.3　消费者的故事

从消费者群体中汲取故事是一个非常聪明的选择，不仅能发现好的故事，还能与消费者有效互动。

企业可以在自媒体平台，如微博、公众号中搜集故事，通过图文来号召受众主动贡献自己的故事。

 随机提问

　　1. 你的微信朋友圈里有人经常发广告吗？你喜欢看这些广告吗？有没有哪些广告文案特别有趣？

　　2. 现有一家公司开发了一款新的围棋 APP，想要做微博推广，你有什么好的建议吗？

　　3. 你有没有听过什么触动内心的企业和品牌故事？能不能和大家分享一下，说一说它为什么会触动你？

第 9 章

营销推广：提高文案持久影响力

对于新媒体文案工作者而言，一份优秀的文案不仅要在第一时间吸引读者的眼球，更重要的是能够保持文案的持久影响力，使读者长时间对它感兴趣，这就需要我们充分利用营销推广的技巧。

要提高文案的持久影响力，一方面，要重视与粉丝的互动，增加粉丝黏性；另一方面，要拓宽文案的推广渠道，让自己的文案跻身搜索热点也是必不可少的。那么具体应该怎么做呢，一起来看看吧！

9.1 粉丝互动，增加粉丝黏性

9.1.1 为什么要与粉丝进行互动？

新媒体文案的营销推广，离不开广大粉丝的支持，粉丝量决定了文案的点击量和阅读率。因此，黏住粉丝，赢得粉丝的长期关注，便成了营销推广的重点内容，而黏住粉丝最有效的方法就是与粉丝进行互动。

对于企业来说，新媒体文案不仅能带动产品的销售，而且还能融洽企业与消费者之间的关系，促使消费者对企业及其产品、品牌产生信任和依赖，从而能够最大限度地留住消费者。那么这种信任和依赖从何而来呢？其实就是在文案与读者（消费者）之间的互动中产生的。

我们通常习惯说"玩"微博、"玩"微信，而不仅仅是"看"微博、"看"微信，"玩"，其实就是强调我们在对这些新媒体的使用过程中的参与感，也就是与新媒体文案的互动。参与的人越多，代表新媒体文案的互动性越强，越容易吸引粉丝的长久关注，提高文案的持久影响力。

9.1.2　与粉丝互动的方式有哪些？

以微信、微博、QQ等社交类新媒体文案为例，我们可以总结出与粉丝互动的五种主要方式（图9-1）：

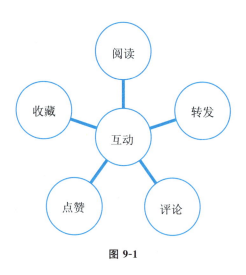

图 9-1

◆ *阅读——在看*

阅读量是新媒体文案与粉丝互动状况的最直接的反映。

如图9-2所示，这是微信文案文末的阅读量显示示意图。通过阅读量，文案创作者可以了解到有多少人看了自己的文案，而对于读者来说，他们也可以从阅读量判断出该文案的受欢迎程度。毫无疑问，如果阅读量越高，那么粉丝对文案的兴趣就越大，这就会引起粉丝对文案及其创作者的持久关注。

阅读原文 阅读 10.2万	在看 4321

图 9-2

◆ **收藏——还想看**

粉丝在什么情况下才会将文案收藏起来呢？第一，可能是因为现在没时间细看，所以先收藏起来以后慢慢看；第二，也许是阅读完之后对文案中的某些部分还存在困惑，需要进行进一步的理解；第三，如果文案内容非常精彩，粉丝也会及时收藏起来以便下次能够再次回味。

无论是哪一种情况，其实传递的都是同一个信息，那就是这篇被收藏起来的文案成功引起了粉丝的兴趣，收藏是因为还想再看。

◆ **转发——想给别人看**

正所谓独乐乐不如众乐乐，看到好东西自然想与他人一起分享。

以微信为例（图 9-3），当粉丝看到一篇好的文案时，他可能会转发给其他朋友，或是直接分享到朋友圈，让更多的人欣赏，也可以点击"在看"，使该文案出现在微信动态的"看一看"中。

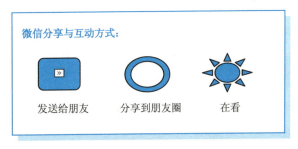

图 9-3

这种互动方式无疑是文案创作者们最乐见其成的，转发文案，既表现了粉丝对文案的欣赏，同时又让更多的人能够看到自己的文案，增加了文案的影响力。

◆ **点赞——表示认可**

新媒体时代的方便快捷，让我们对很多优秀事物的称赞形式也变得简单生动。仅仅一个"点赞"（图9-4），就足以表明粉丝对文案的关注和认可，也使粉丝与创作者之间形成了良好的互动，提高了文案的持久影响力。

图 9-4

◆ **评论——影响力上升**

 **各抒己见**

你还记得最近在哪篇文案下发表过评论吗？是什么原因让你想以这种方式与文案创作者进行互动呢？

看见好的文案，粉丝可能会在第一时间内就点赞或转发，因为这些都是毫不费力就可以做到的。至于评论（留言），由于这是需要对文案进行充分的理解和思考，从而提出自己的想法和意见，因此与文案创作者进行这项互动的人相对来说就少了。对此，我们可以从微博的转发、评论和点赞量的对比中窥见一二（图 9-5）。

876543　　　234567　　　654321

图 9-5

　　如图 9-5 所示，在同一条微博中，相较于点赞量和转发量，评论的数量是最少的。虽然如此，从粉丝与文案创作者的互动效果来说，评论量反而更能反映出文案对粉丝的影响力度。

　　粉丝对文案进行评论或留言，不仅显示了他们对该文案的关注，而且是在告诉文案创作者：你的文案成功引起了我的注意，关于文案内容，我也有我自己的看法。在这样的互动中，文案对粉丝的持久影响力自然也就得到了进一步的提升。

9.1.3　如何增强文案的互动性？

　　要想让文案具有极强的互动性，也就是让文案能够被大量的评论、转发和点赞，需要做到以下几点（图 9-6）。

◆ **激发粉丝的好奇心**

　　人人都有好奇心，如果你的文案具有一定的神秘色彩，那么粉丝看到之后就会好奇地追问，想要从你的口中知道更多。

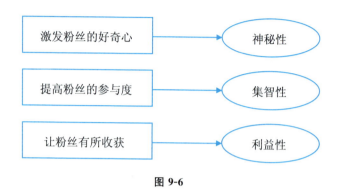

图 9-6

我们经常能在一些文案的末尾看到这样的内容：更多精彩，请关注……其实这就像是看一个悬疑故事，在快要揭开真相的时候戛然而止，调动起粉丝的好奇心，让他们尽情地猜测、评论，甚至还会忍不住去私信该文案的创作者，与创作者进行互动。

◆ **提高粉丝的参与度**

怎样才能让粉丝参与到文案中去呢？这就需要我们的文案具有集智性。

所谓集智性，就是提出一个问题，让粉丝发表自己的意见或建议。例如，如果要创作一篇旅游攻略的文案，可以先以提问的方式向粉丝征求意见，然后在集合众人想法的基础上推出相关文案。如此一来，既能让粉丝们在提出意见的过程中与创作者进行互动，又能充分调动起粉丝们对该文案的关注，提高文案的持久影响力。

◆ **让粉丝有所收获**

让粉丝有所收获，实际上就是以文末附彩蛋的方式，给对文案进行留言、评论的粉丝一些小小的福利，以此鼓励粉丝积极与创作者进行互动（图 9-7）。

文章推送起72小时留言点赞第一名的，将送上一份精美礼品——
知名正版卡通公仔一套（五个）。

小编会从推文的留言中
随机选出一名幸运网友
中奖的幸运网友由后台联系您领取消费券

图 9-7

有利益性的文案对粉丝一般都具有诱惑力，当然也要看奖品的设置是否对粉丝具有吸引力，如果奖品一般，那么粉丝的参与性就不会很高。因此，文案创作者们可以在奖品设置上多花点心思，让粉丝更有动力去参与文案的互动。

9.2 巧借东风，丰富引流渠道

对于新媒体文案来说，内容是竞争实力，必须充分认识到的是，新媒体文案除了要做到内容优质以外，要想提高文案的持久影响力，还需要借助宣传推广的力量。虽然前面我们也提到了文案本身的传播属性，但是还要在后续过程中巧借东风，对文案进行专门的推广，如此才能达到理想的宣传效果。那么，在新媒体时代，对文案进行宣传推广的渠道有哪些呢？一起来看一下吧！

9.2.1 APP 推广：打造良好的文案营销平台

新媒体时代，使用 APP 进行营销推广已经成为众多商家和企业惯用的手段之一，这是因为与其他新媒体平台相比，APP 具有一些明显的营销优势（图 9-8）。

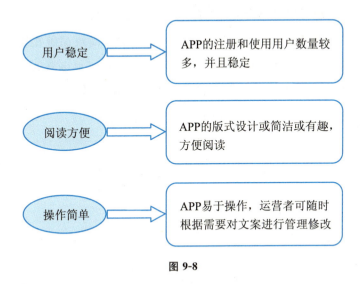

图 9-8

　　虽然在 APP 上对文案进行宣传推广具有明显的优势，但是在进行推广的过程中我们也不能大意。一方面，我们要先学习掌握 APP 的相关政策和规范，了解行业动态；另一方面，我们还需要对目标读者（用户）进行研究调查，定向推送文案内容，如此才能达到事半功倍的效果。

9.2.2　微博@推广：巧用名人效应

　　在微博中，我们可以通过@一些知名企业、媒体或者明星来为自己的文案做宣传，借助公众人物的庞大粉丝团提高文案的影响力，使文案所要宣传的产品或品牌得到更有力的推广。

　　不过，要利用名人效应来为自己的文案做推广，也要注意方式方法。首先我们要注意的是，不能用微博来随意@不可能与自己互动的对象。其次，要选好合适的名人作为@的对象，最好是产品的代言人或对该类产品感兴趣的人，也可以是符合自己产品定位、产品风格的名人。

当然，@知名企业或明星名人，是在我们的产品或品牌在行业内有一定知名度的前提下，才可能得到对方的回复，而对于很多普通微博用户来说，是不具备这个条件的。普通的微博用户在利用微博进行营销推广时，可以选择@以下三种用户（图 9-9）。

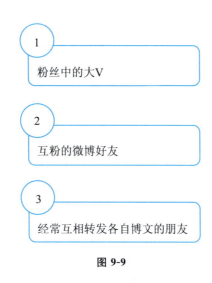

图 9-9

9.2.3 公众号推广：塑造品牌形象

近年来，随着玩微信的人越来越多，很多企业和商家都开通了自己的微信公众号，以此来宣传推广自己的产品和品牌，提高在行业内的影响力。微信公众号分为订阅号、服务号、企业号三类。

指点迷津

微信订阅号、服务号、企业号有何区别

我们每天都会浏览微信里面的公众号消息，但是你知道吗，不同类型的公众号——订阅号、服务号和企业号之间也存在着很大的区别，一起来了解一下吧（图 9-10）！

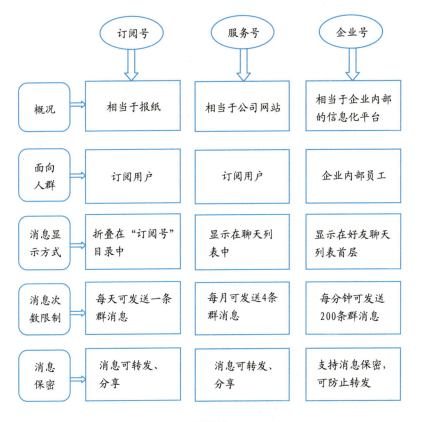

图 9-10

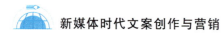

针对不同微信公众号存在的区别，我们可以选择适合自己需求的微信公众号来进行文案即产品和品牌的营销推广。

不管是哪一种类型的公众号，在文案的风格和内容上我们都应该充分考虑阅读者的喜好和特点，拉近与他们之间的距离。另外，除了单纯的产品、品牌推广文案以外，还应该适时地在公众号中发布一些有意思、有福利的小活动，来调动订阅者的积极性，吸引他们对公众号内容的关注。

9.2.4 微信群、QQ 群推广：明确目标人群

利用微信群、QQ 群来进行文案推广的方式虽然简单，但其实也有很大的优势。最显著的优势体现在这种社群推广的方式是免费的。无论是建群还是之后的运营，都不需要什么费用，只要有好友就可以进行。

此外，微信群和 QQ 群里的好友都是因为共同的兴趣或目的聚集在一起的，事实上就是文案（产品或品牌）的目标人群，这样我们在群内进行营销推广时自然也容易得多。

在微信和 QQ 群中进行营销推广时，最重要的是要获取群内众好友的好感和信任。为此，我们应该积极与好友们沟通交流，每天可以讨论一些热点话题，拉近彼此之间的距离，定期组织一些小活动，活跃群内气氛。

在众多互动方式中，抢红包一定是最受欢迎的方式之一，针对现在大部分人都有抢红包的喜好，我们也可以不时地在群内发一些红包来吸引好友对该群各种信息的关注，以达到我们进行营销推广的目的。

9.2.5　朋友圈推广：利用身边的资源

各抒己见

朋友圈可谓是新媒体时代的一大发明，你的朋友圈中都有些什么内容呢？你会关注朋友圈中的营销推广文案吗？

微信朋友圈是一个便捷的人际交往平台，我们可以通过浏览朋友圈的动态，来了解朋友们的近况，如此一来，即使是不常联系的朋友，我们也可以通过朋友圈来拉近彼此的距离。

朋友圈里面的人大部分都是自己的好友或者认识的人，彼此之间有一定的信任基础。再者，物以类聚，人以群分，同在一个朋友圈里的一群人或者有共同的学习、工作经历，或者有共同的兴趣爱好，才会聚在一起。正因为如此，朋友圈里的好友其实是我们身边最宝贵的资源，他们中可能有一些就是我们的目标人群，我们可以通过他们来推广自己的文案，提高产品的影响力。

不过，值得提醒的是，我们在使用朋友圈进行营销推广时，不能只发一些宣传产品和品牌的文案内容，而应该先发表一些有关自己生活状态、生活写照的内容作为铺垫，拉近自己与朋友们之间的距离。除了经营自己的朋友圈以外，还要多和朋友们进行互动，多去关注他们的朋友圈，并在底下点赞留言，发表评论。

9.2.6　贴吧推广：将你的文案顶上热帖

百度贴吧是结合搜索引擎建立起来的一个网络交流平台，作为全球最大的中文社区，它可以将一群来自五湖四海却志同道合的人聚在一起。通过搜索关键词，百度贴吧将那些对同一个话题感兴趣的人们聚集在一起，在线上展开交流，人们可以自由地在上面展示自我，结交好友。

由于贴吧的超高人气，因此很多企业都会选择将营销文案放在贴吧上面与网民进行互动，提高文案的持久影响力。但是，在高手如云的百度贴吧中，要想将自己的文案顶上热帖，可不是一件容易的事，我们还需要掌握一些写帖和顶贴的技巧（图9-11）。

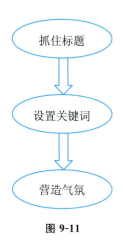

图9-11

◆ **抓住标题——标题要有亮点**

无论在哪个平台进行文案营销推广，标题永远是制胜的关键。在前面的章节中，我们已经专门讲解了如何创作能够吸引读者眼球的标题，其实在这里也是适用的。

如何使百度贴吧中的文案标题更有亮点呢？一方面，标题的设置一定要与文中的内容紧密相关，不可为了夺人眼球而过分渲染标题，成为标题党，造成文不对题的失误。另一方面，我们还应该抓住贴吧浏览者的心理，了解他们喜欢的标题风格，投其所好，做到有的放矢。

◆ 设置关键词——关键词布局要合理

贴吧的搜索引擎使得贴吧中关键词的作用与标题同样重要。优秀的贴吧文案，从来都不是靠守着论坛里的固定用户而出名的，只有合理布局关键词，迅速捕捉读者的眼球，才能扩大阅读人数，使文案变成人人争相观看的热帖。

对于关键词的设置，我们可以从目标用户着手，根据他们搜索关键词的习惯来设定文案的关键词。这里需要注意的是，我们要学会辨别那些不常用的、生僻的词汇，以及那些因为太过夸张而使人厌烦的词汇，不能将这些词作为关键词。

◆ 营造气氛——自己将帖子顶上去

在各种贴吧中，每天发帖的人、发出的帖子不计其数，在帖子的汪洋大海中，如果我们发的文案没人看，没人顶，那么帖子就会马上沉下去，也就达不到推广宣传的目的了。

在这种情况下，我们一定要学会自己顶帖。我们可以注册一些其他的贴吧账号，对自己发表的帖子进行回复和评论，也可以发动贴吧好友，为自己的帖子助力，一起将帖子顶上去。这样一来，就可以制造出帖子很受欢迎的景象，其他的贴吧用户看到了，也就很容易会被吸引过来，从而增加帖子的浏览量。

9.2.7 短视频、直播推广：让你的文案"动"起来

◆ **生动形象的短视频推广**

营销推广文案虽说是以文字为主，但是近年来随着抖音、快手等短视频平台的建立和广泛流行，人们越来越热衷于这种生动形象的新媒体娱乐，因此，在庞大的短视频爱好者的推动下，越来越多的企业选择利用短视频作为文案传播的媒介。

 指点迷津

短视频推广的优势

短视频作为一种新颖快捷的营销推广媒介，在推广效果上具有一些独特的优势，我们可以总结为以下三点（图9-12）。

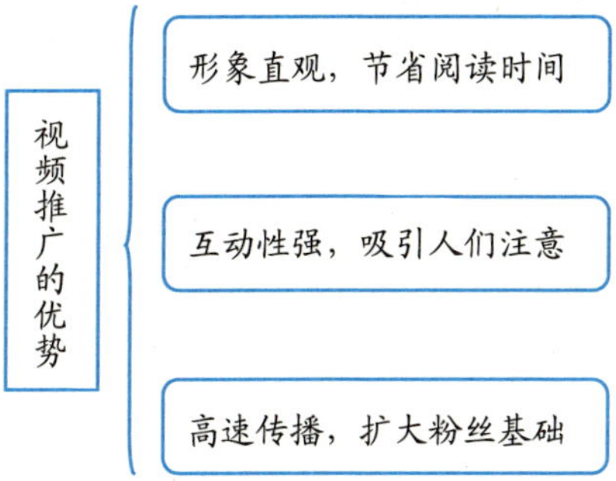

视
频
推
广
的
优
势

形象直观，节省阅读时间

互动性强，吸引人们注意

高速传播，扩大粉丝基础

图 9-12

视频推广的优势有很多，在操作的过程中，我们也要知道一些关于这方面的方法技巧。

从视频内容上来说，我们不能只是以精彩或搞笑的画面来博人眼球，这就像文章内容与标题的关系一样，视频内容应该围绕着文案的主题来展开，与文案的主题内容保持一致。

从视频的投放渠道来看，鉴于现在各种视频播放平台层出不穷，为了吸引更多的用户观看，我们可以将视频投放到不同的平台上，让更多人通过生动形象的视频内容来了解我们的营销推广文案。

◆ "边播边卖" 的直播推广

随着互联网科技的不断发展，新的视频推广方式——直播推广逐渐成为营销界的新宠。

以淘宝为例，越来越多的淘宝店铺和淘宝达人都开设了视频直播推广的页面，实时为大家展示自己的商品，供有意购买者挑选、参考，而购买者们也可以通过发送弹幕的方式直接向卖家进行询问或提出相关要求，如果觉得合适的话，只要点击直播界面中的商品购买链接，就可进入相关商品的购买页面。

这种"边播边卖"的直播推广方式，实时地展示了商品的各种信息，让人们觉得更加真实可信，自然受到了大众的喜爱。对于卖家来说，直播推广既大大降低了营销成本，又可以迅速吸引大量的目标人群，提升文案的持久影响力。

 媒文共赏

沃尔沃汽车经典视频文案——《爱丽丝的婚礼》

沃尔沃汽车曾推出一支温情的视频广告文案《爱丽丝的婚礼》，从亲情的角度展示自己的汽车品牌。

在广告中，女主角从小在父亲的爱护下长大，活得像是一个童话里的公主，每当她去为别人的婚礼当花童的时候，父亲都会开着沃尔沃汽车送她过去。后来，父亲患上重病，遗忘了身边所有人，包括自己的女儿。女主决定，以后要换自己将父亲的生活经营成童话。这一次，女主自己穿上婚纱，而父亲成为花童。身份的对换，车子的变更，传递出了爱与亲情的延续这一主题。

这支视频文案一经播出，便受到广泛好评，唯美动人的视频场景与剧情打动了众多消费者，带动了沃尔沃汽车销量的上升。

9.3　力争上游，跻身搜索热点

"好的开始，是成功的一半"，在营销推广中，如果能掌握先机，让自己的文案成为搜索热点，便可以迅速提升文案的影响力。那么，有哪些方法可以使我们创作的文案跻身于搜索热点呢？

9.3.1　结合时尚热点

你会关注微博热搜和百度热榜吗？借助热搜的力量，会对我们的文案营销推广产生怎样的效果呢？

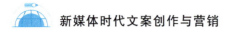

关于时尚热点，我们最熟悉的应该就是明星八卦了。打开微博热搜、百度热榜，每天总有那么几条关于明星的新闻占据首页，例如关于明星结婚生子的消息，关于时尚达人的服装搭配、妆容技巧等，内容丰富多样。

对于新媒体文案创作者而言，追星族绝对是一个不容小觑的力量群体，如果能利用他们对明星的热切关注，在宣传文案时结合相关明星的新闻事件进行炒作，在庞大粉丝团的推动下，要想让这篇文案迅速成为搜索热点便不是什么难事了。

不过，由于明星效应过于引人注目，因此我们在利用时尚热点进行营销宣传时，一定要避免言不符实或言过其实，对新闻事件的调侃要把握好尺度，以免引起不必要的误会。另外，对于时尚热点的选择也不能漫无目的，既要有热度，又要与文案关联度很高，否则就很明显是在"蹭热度"了，很容易引起人们的反感。

9.3.2　优化关键词搜索

在前文中，我们已经提到了关于文案创作的行文过程中对内容关键词的布局问题，而在努力使文案跻身搜索热点方面，则要更加重视对关键词搜索的优化。那么，如何优化关键词搜索呢？我们总结出了以下三点建议（图9-13）。

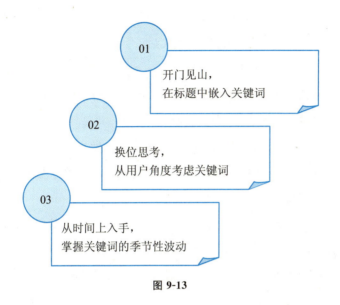

图 9-13

在标题中嵌入关键词，也就是直接将文案内容的关键词在标题中体现出来，这是让用户在短时间内注意到该文案的最简单的方法。

从用户的角度考虑关键词，也就是通过分析调查用户的搜索、浏览和阅读习惯，设置出符合用户喜好的关键词，使文案成为广大用户搜索的热点。

掌握关键词的季节性波动，包括对季节和节日两方面的关注。如果文案宣传的产品是服饰类，那么关键词就可以用上春装、冬装等；如果是礼品类的文案宣传，关键词就可以用上节日名称，比如圣诞惊喜、情人节物语等。

9.3.3　重视平台的账号认证

无论是微信、微博还是 QQ，这些新媒体平台都会给用户提供账号认证，实际上也就是一种合法信息的确认。

以微信为例，虽然微信的服务运营方并没有做出强制要求，但是绝大部分微信公众号持有者都会选择去进行官方认证。那么，做好微信的账号认证究竟有什么作用呢？

首先，如果微信公众号通过了账号认证，那么就可以免费获得微信公众平台对外开放的全部技术接口，并且在真实性和可靠性方面也有了保障。

其次，通过认证的微信账号，在微信文章的搜索排名中往往都会比较靠前。这一点也是文案创作者们最关心的地方。

总之，重视并做好新媒体平台的账号认证，无异于是加强了我们的硬件设施，优化了文案搜索渠道。

指点迷津

如何做好平台的账号认证

既然账号认证如此重要，那么我们怎样才能让自己的账号更加顺利地通过认证呢？

第一，要选择符合自己行业的认证类型。这就像是办理营业执照一样，首先要明确自己的经营类型和经营范围，才能拿到合格的经营许可证。

第二，要取一个容易通过的账号名称。这里需要强调的是，账号名称中一定不能涉及敏感词汇，也不能与其他账号名称重复。

第三，要提供详实的资料证明。账号认证就相当于是对用户身份的认证，需要提供相关的资料证明才可以顺利通过。

9.3.4　保证内容质量

要想让我们的营销推广文案长期居于搜索热点的前端，最终还是应该将落脚点放在文案本身，保证文案内容的质量，毕竟这才是提高文案持久影响力的关键所在。只有让文案的内容得到用户的认可和赞赏，才能吸引更多的目标人群对文案的关注，这样我们的文案自然就会成为居高不下的搜索热点。

如何保证文案内容的质量，需要我们做到以下几点（图 9-14）。

图 9-14

◆ 坚持原创

坚持原创，体现了一个新媒体文案创作人的职业操守，虽然很难，却是保证文案质量的首要法宝。想想看，如果读者在千篇一律的新媒体文案中发现了一篇难得的原创作品，那就相当于疲惫不堪的高考阅卷老师突然批到一份字迹非常工整且漂亮的试卷一样，自然会得到判高分的待遇。

◆ 找准定位

找准定位，也就是要针对文案的目标人群的习惯和喜好，准确定位文案的风格类型。

如果文案宣传的产品和品牌是知识性的，那么我们可以将文案做得尽可能专业化、学术化，提升文案档次。而如果是休闲娱乐性质的产品文案，那么就要避免使用文绉绉的学术语言了，而应该多用一些轻松活泼的网络用语，拉近与用户之间的距离，以博取好感。

◆ 提炼"干货"

也许有些新媒体文案创作人会认为，文案的根本目的是宣传推广，所以最重要的是尽可能将文案做得好看，吸引读者的眼球，至于里面是不是有"干货"信息，根本无关紧要。这一想法也许对部分读者适用，但是对于更多的读者来说，他们更希望能在文案中看到包含产品和品牌信息的"干货"。

因此，我们在进行文案创作时，也要先了解所要宣传推广的产品和品牌的信息。因文案篇幅所限，所以我们不可能详细地对这些信息做出介绍，这就需要我们对信息进行提炼，选出最能让目标用户感兴趣的重点内容作为"干货"发布到文案中去，提升文案的可读性。

 随机提问

　　1. 粉丝的支持对新媒体营销推广非常重要，你知道怎样才能拉近与粉丝之间的距离吗？

　　2. 当下正值抖音、快手等短视频平台流行的时期，我们该如何利用这些视频播放平台来进行文案宣传呢？

　　3. 想要让文案成为搜索热点，你可以采取哪些优化关键词搜索的技巧？

　　4. 朋友创办了一个微信公众号，文章质量非常好，但苦于找不到推广方法，存在一些粉丝在关注一段时间后又取消关注的现象，你能给朋友一些好的建议吗？

参考文献

［1］秋叶．新媒体文案创作与传播［M］．北京：人民邮电出版社，2017．

［2］金岩．实用文案与活动策划撰写技巧及实例全书［M］．北京：中华工商联合出版社，2014．

［3］萧潇．创意文案与营销策划撰写技巧及实例全书［M］．天津：天津科学技术出版社，2017．

［4］苏航．文案创作与活动策划 从入门到精通［M］．北京：人民邮电出版社，2018．

［5］王健平，梁文．软文写作与营销实战手册：软文写作技巧＋文案创意＋即刻引爆传播［M］．北京：人民邮电出版社，2017．

［6］陆安仁．文案写作［M］．天津：天津科学技术出版社，2019．

［7］福蕴．爆款文案写作训练手册［M］．北京：北京理工大学出版社，2018．

［8］罗伯特·布莱．文案创作完全手册［M］．北京：北京联合出版公司，2017．

［9］叶小鱼，勾俊伟．新媒体文案创作与传播［M］．北京：人民邮电出版社，2017．

［10］新媒体商学院．媒体运营一本通［M］．北京：化学工业出版社，2019.

［11］李华，廖晓文，贾悟凡．新媒体写作与传播［M］．北京：人民邮电出版社，2019.

［12］李东临．新媒体运营［M］．天津：天津科学技术出版社，2018.

［13］陆安仁．文案写作［M］．天津：天津科学技术出版社，2019.

［14］（美）克劳德·霍普金斯（Claude C. Hopkins）．文案圣经：如何写出有销售力的文案［M］．北京：中国友谊出版公司，2017.

［15］文案第3讲：如何讲好品牌故事？人人都是产品经理［EB/OL］．http：//seo. yechangliang. com/post-129. html，2019-08-09.

［16］关键词密度多少最佳，控制多少合适？叶长亮 SEO 博客［EB/OL］．http：//www. woshipm. com/copy/2693119. html，2018-05-13.

［17］鲍玉成．微信软文营销实战技巧——轻松写出 100000＋创意文案［M］．北京：化学工业出版社，2017.

［18］武永梅．社群营销［M］．天津：天津科学技术出版社，2017.

［19］秋叶，萧秋水，刘勇．微博营销与运营［M］．北京：人民邮电出版社，2017.

［20］骆方，秦云霞．新媒体文案策划与写作——从入门到精通：微课版［M］．北京：人民邮电出版社，2019.

［21］李华，廖晓文，贾悟凡．新媒体写作与传播：文案写作 图文编辑 内容传播［M］．北京：人民邮电出版社，2019.